Lingua[gem] 99

DOMINIQUE MAINGUENEAU

TRADUÇÃO: SÍRIO POSSENTI

enunciados aderentes

PARA TOCAR: jarra de plástico com formato de abacaxi.

FAIXA 716

parábola

Direção: ANDRÉIA CUSTÓDIO
Edição de texto: MARCOS MARCIONILO
Revisão: MARCOS BAGNO
Capa e diagramação: TELMA CUSTÓDIO
Foto da capa: WIKIMEDIA COMMONS – JARRA DE PLÁSTICO COM FORMATO DE ABACAXI

CIP-BRASIL. CATALOGAÇÃO NA FONTE
SINDICATO NACIONAL DOS EDITORES DE LIVROS, RJ

M191e

Maingueneau, Dominique, 1950-
Enunciados aderentes / Dominique Maingueneau ; tradução Sírio Possenti. - 1. ed. - São Paulo : Parábola, 2022.
192 p. ; 23 cm. (Lingua[gem] ; 99)

Tradução de: Les énoncés adhérents
Inclui bibliografia
ISBN 978-85-7934-275-2

1. Análise do discurso. 2. Linguística estrutural. I. Possenti, Sírio. II. Título. III. Série.

22-80293 CDD: 401.41
CDU: 81'42

Meri Gleice Rodrigues de Souza - Bibliotecária - CRB-7/6439

Direitos reservados à
PARÁBOLA EDITORIAL
Rua Dr. Mário Vicente, 394 - Ipiranga
04270-000 São Paulo, SP
pabx: [11] 5061-9262 | 5061-8075 | fax: [11] 2589-9263
home page: www.parabolaeditorial.com.br
e-mail: parabola@parabolaeditorial.com.br

ISBN: 978-85-7934-275-2 (papel)
978-85-7934-279-0 (e-book)

Sumário

Preâmbulo

O Capital começa com esta frase célebre: "A riqueza das sociedades nas quais reina o modo de produção capitalista se proclama 'uma imensa acumulação de mercadorias'". Se Marx visitasse hoje um supermercado, poderia observar que não são apenas as mercadorias que se acumulam, mas também os enunciados: em torno delas, sobre elas, nelas. Além do comércio, veem-se proliferar em nosso ambiente os enunciados nos objetos e até mesmo nos corpos humanos: dos mais nobres (um nome de rua, uma inscrição no frontispício de um monumento, o nome de um artista ao pé de uma estátua, um epitáfio...) aos mais triviais ("I love New York" em uma caneca; um cartaz "Legumes" em uma prateleira de supermercado; recibos de lavanderia costurados em uma roupa; "Para ele" e "Para ela" nas pantufas; uma tatuagem na mão; uma frase numa camiseta; uma inscrição "Saída de emergência" no corredor de um hotel...). Proponho chamá-los de "enunciados aderentes", mesmo que frequentemente não sejam enunciados no sentido usual do termo, isto é, frases ou textos, mas palavras, grupos de palavras, iniciais, combinações de algarismos e de letras, como nas placas dos carros, números, como nas fachadas das casas.

A esses enunciados aderentes é dedicado este livro. Meu objetivo não é empreender seu recenseamento sistemático, mas principalmente chamar a atenção para sua existência, ao mesmo tempo, discreta e invasiva, e pôr em evidência o interesse que sua análise representa. Simultaneamente discretos e invasivos, eles constituem um lugar de observação privilegiado da sociedade da qual participam.

Esses objetos não são completamente desconhecidos dos pesquisadores. Algumas categorias foram intensamente estudadas por diversas disciplinas. Penso especialmente no *marketing* (mais exatamente, no *packaging*), na logística ou na sinalética. Mas essas disciplinas têm olhares práticos e não se preocupam em apreender os enunciados aderentes em toda a sua diversidade. Os linguistas, por sua vez, estudaram algumas de suas categorias: os nomes de rua (Palm, 1989; Bosredon; Tamba, 1999); os títulos de quadros (Péruisset-Fache, 1994; Bosredon, 1994, 1997); as placas nos museus (Poli, 1992, 2002), sem dúvida porque levantam problemas de sintaxe e de semântica, especialmente no que diz respeito à determinação nominal e à referência aos objetos *in praesentia*.

Os analistas do discurso, até o momento, manifestaram pouco interesse por esse tipo de enunciado. Os trabalhos existentes não recaem sobre os enunciados aderentes em geral, mas sobre conjuntos de dados que permitem propor questões de ordem teórica. Menciono três, concentrados nas placas dos museus, nas embalagens e nas tatuagens.

Uma obra coletiva [Antelmi; Logaldo (orgs.) 2019] se interessa pelos "textos breves de instrução". Entre eles, ocupam lugar de destaque enunciados que podem ser considerados aderentes: as legendas coladas ao lado de obras expostas nos museus, campo de interesse de diversas pesquisas: Antelmi, 2019; Bradburne, 2019; Parks, 2019, por exemplo. Mas essas legendas em placas estão integradas à unidade mais vasta do "discurso de exposição" ou do "discurso de museu", em vez de serem postas em relação com suportes relevantes de domínios diferentes. De fato, como o indica o título, não é a relação aderente que está no centro da atenção, mas a textualidade breve associada a imagens, quer se trate de pinturas, de propagandas, de filmes ou de transmissões pela TV. Reencontra-se assim um dos eixos principais de um campo de pesquisa bem estabelecido, o da multimodalidade.

Algo diferente ocorre com a pesquisa de Possenti (2009), relativa aos enunciados escritos em um pacote de *cookies* e em uma bebida de soja, que ele chama de "textos de embalagens". Dessa vez, como no presente livro, são abordados os enunciados inscritos nos objetos e sob o ponto de vista de um linguista. A perspectiva privilegiada é, no entanto, diferente: trata-se de refletir sobre o tipo de textualidade que tais enunciados implicam. É de fato uma textualidade "heterogênea", bem diferente da dos textos prototípicos, um mosaico de sequências verbais de naturezas diversas que não estão unificadas pela remissão a uma fonte de enunciação única, mas formam, mesmo assim, uma unidade imposta pela partilha de um mesmo suporte. Essa reflexão sobre os modos de textualidade pretende abranger dados diferentes: em particular, "as bulas, os contratos, as instruções de montagem e os manuais de uso, as propagandas" (2009: 40), que não correspondem à imagem que comumente se tem de um texto. Esse trabalho pioneiro apresenta o grande interesse de entrar nos detalhes dos enunciados presentes nas embalagens e nas características materiais delas, em vez de se concentrar no nome da marca e nos *slogans*, como se faz habitualmente. Prestar atenção ao que frequentemente se classifica como "detalhes" é, de fato, uma das condições para desenvolver uma verdadeira análise do discurso, na qual esses "detalhes" são integrados a uma problemática que lhes dá sentido. Assim, a partir de dados "aparentemente banais", podem-se formular questões de relevância teórica, no caso, sobre "a linguagem e o sujeito" (2009: 50).

Desejando estudar as tatuagens, M.-A. Paveau (2009) constata que essa prática foi abundantemente estudada por antropólogos, sociólogos ou psicólogos, mas desconsiderada pelas ciências da linguagem. Não sem razão, segundo ela, porque uma "escrita corporal" questiona os pressupostos "dialógicos" prevalecentes entre a maior parte dos linguistas.

A tatuagem, de fato, "não entra no dispositivo padrão que funda toda enunciação numa interação comunicacional explícita ou implícita". Ela mostra que "dizer não é necessariamente dizer *a* alguém; pode tratar-se apenas de dizer, de dizer para si ou simplesmente exprimir, marcar ou formular sua experiência, instalar um vínculo com o real" (2009: 2.3.).

Nem todos os linguistas partilham, no entanto, desses pressupostos "dialógicos". Encontra-se uma desconfiança da mesma ordem em relação ao modelo comunicacional no estudo realizado pelo linguista B. Bosredon sobre as legendas afixadas ao lado dos quadros nos museus:

> Uma legenda não é recebida por seu leitor no mesmo sentido em que uma mensagem emitida por uma fonte é efetivamente recebida por um destinatário. Em outros termos, e de forma um pouco paradoxal, o leitor de uma legenda assume mais o papel de uma testemunha contingente: ler uma legenda não pressupõe que ela tenha sido produzida para quem a lê (...). A presença do "produtor" da legenda no momento em que ele a relaciona a seu objeto não nos autoriza nem mesmo a considerá-lo como um enunciador (1997: 18).

Essa crítica, como a de M.-A. Paveau às ciências da linguagem, se dirige a certa concepção de comunicação, a meu ver, partilhada pelas duas grandes correntes estruturantes do campo da análise do discurso: uma, particularmente presente na tradição europeia, está centrada na interação texto/discurso; outra, prevalecente na tradição norte-americana, centra-se na interação conversacional. Essas duas correntes veem no discurso uma prática fundamentalmente verbal centrada no confronto entre os interesses de duas subjetividades que elaboram estratégias discursivas para atingir seus fins. Mas essa concepção da comunicação não é pertinente a todas as manifestações do discurso.

É compreensível que os enunciados aderentes não sejam objeto de predileção das ciências da linguagem: eles não são produzidos por humanos em interação, misturam frequentemente elementos verbais com números ou elementos icônicos e não podem ser abstraídos de seus suportes materiais. De fato, para estudá-los, é preciso se preocupar com a contiguidade ou a distância, com a visibilidade, o tamanho, a forma, a cor, o papel, a pedra ou o plástico... Estamos longe dos *corpora* cuja dimensão verbal é preponderante e nos quais as questões são imediatamente interpretáveis em termos de posicionamentos ideológicos.

Outro pressuposto que pode ser obstáculo à consideração dos enunciados aderentes é o de que a unidade de base do discurso seria o texto, escrito ou oral. Essa valorização do texto mantém uma relação tácita com o modelo dominante da comunicação. O texto não é considerado como um simples agenciamento de signos mobilizado em uma atividade enunciativa, mas como indissociável de uma ética, em função de suas supostas relações com a constituição de uma subjetividade de pleno direito. Assim, a doxa prevalecente no ensino é que os alunos devem produzir textos bem articulados e unificados por uma consciência, condição para eles se tornarem verdadeiros cidadãos. Ora, na maior parte do tempo, os enunciados aderentes tomam a forma de unidades infratextuais dispersas em um mesmo suporte, que não se pode mais unificar sob o foco de uma consciência observando do alto, como sublinha Possenti em seu estudo sobre as embalagens. Certamente, pode acontecer de um enunciado aderente se reduzir a um texto curto, a uma sequência de frases submetidas a restrições de coesão e coerência, mas não se trata, de maneira alguma, de um gênero de discurso autônomo.

A solução mais fácil para um analista do discurso seria ignorar esses enunciados aderentes, remeter seu estudo a outras disciplinas. Mas essa exclusão parece dificilmente justificável se se aceita o princípio de que a análise do discurso deve abordar as manifestações do discurso em toda a sua diversidade, que ela não tem por que se limitar às conversações ou aos textos derivados de alguns setores privilegiados da vida social: política, mídia, educação, justiça, negócios. Certamente, o estudo dos enunciados aderentes não pode ser levado a cabo com os mesmos instrumentos utilizados para abordar propagandas, livros didáticos ou entrevistas de emprego, mas eles exercem um papel importante na sociedade contemporânea. De fato, aqui está em jogo a representação que se faz da sociedade. Trata-se de saber se o "social" são somente os conflitos políticos, as classes sociais, os sindicatos, as relações entre homens e mulheres etc., ou se é necessário integrar também os objetos que participam de nossa vida, *a fortiori* quando eles são suportes de enunciados.

Fazer dos enunciados aderentes um campo de investigação implica unificá-los em uma mesma problemática, descartar sua dispersão. Já me confrontei com uma dificuldade da mesma natureza quando me interessei pelas aforizações (Maingueneau 2012), pelas frases sem texto (fórmulas, divisas, "pequenas frases" etc.), habitualmente estudadas por diversas disciplinas à margem das ciências da linguagem. Quando elas são unificadas, além de sua diversidade, vemos tratar-se de um fenômeno que não tem nada de marginal e que obriga a repensar a própria noção de enunciação. Da mesma forma, ao relacionar em um mesmo espaço fenômenos que se tem o hábito de considerar separadamente, pode-se esperar que a apreensão da discursividade se modifique.

Mas é preciso reconhecer: o desejo de estudar os enunciados aderentes pode produzir um sentimento de vertigem. Eles não são apenas de extraordinária diversidade, como também evoluem permanentemente. Não se vê claramente como fazê-los entrar em uma grade ao mesmo tempo precisa e estabilizada. Por isso, vou tentar manter o equilíbrio entre as considerações de ordem geral e a análise de alguns exemplos significativos. Consequentemente, os capítulos da primeira parte enfatizam questões que se pode chamar de básicas: a relação de aderência e suas modalidades de existência. Na segunda, serão abordados enunciados aderentes de suportes os mais diversos: pacotes de bombom, lixeiras, corpos humanos, bovinos, automóveis. Trata-se, então, de explorar as diversas facetas de um fenômeno cuja consideração permite ver com olhos diferentes o mundo no qual vivemos.

I

I

Capítulo 1

A aderência

Contiguidade e integração

Os enunciados aderentes podem ser sumariamente caracterizados como enunciados escritos, contíguos a um suporte não verbal, ao qual estão integrados. Esse suporte é mais comumente um objeto (uma mesa, uma embalagem de queijo, uma camiseta...), mas pode ser também um ser humano, um animal, um lugar, uma sala, uma rua, até mesmo o todo de uma paisagem.

Se falo de um enunciado "contíguo a um suporte", e não "num suporte" é porque a aderência, em função da forma como a relação entre o enunciado e seu suporte se estabelece no espaço, pode se manifestar de três maneiras. O enunciado aderente é:

(1) fixado nele; é a situação mais comum;

(2) fixado em um objeto mediador, próximo ao suporte: por exemplo, uma placa afixada ao lado de uma escultura em um museu. Percebem-se dois objetos: os signos estão escritos em um papel inserido

em um retângulo de plástico transparente, que também é contíguo ao suporte, a escultura;

(3) englobado por seu suporte; é o caso, por exemplo, de uma placa "Paisagem dos Alpes" à beira de uma rodovia que atravessa os Alpes.

Quando fixado no suporte, o enunciado aderente pode estar inscrito diretamente nele ou passar por um objeto mediador. Uma inscrição gravada no frontispício de um edifício compõe uma unidade com seu suporte, ao qual está, de algum modo, incorporada. Diferentemente, um rótulo em uma garrafa de vinho ou um crachá na roupa de um funcionário estão fixados em seu suporte graças a um suporte mediador. Essa noção pode igualmente se aplicar a uma placa carregada por um manifestante, na qual está escrito "Salvem o planeta!".

Não basta estabelecer uma contiguidade material entre um enunciado e um objeto para os enunciados aderentes existirem. Um cartaz de propaganda eleitoral colado sem autorização em um poste, apesar de aderir a ele fisicamente, não constitui um enunciado aderente. Não há relação de *atribuição* entre esse cartaz e o objeto sobre o qual ele foi colado. Certamente, o cartaz produz efeitos no poste — no mínimo muda sua aparência —, mas não foi concebido especificamente para esse tipo de suporte. Tampouco se pode classificar uma propaganda em uma estação do metrô como um enunciado aderente: ela está nesse ambiente, mas poderia estar em qualquer outro lugar do espaço urbano que lhe permitisse ser vista por muitos transeuntes.

Há duas dimensões nessa noção de atribuição:

(1) A atribuição a um suporte: o rótulo de vinho é atribuído às garrafas; as placas, aos carros; as placas com nomes de rua, às ruas... uma atribuição, antes de tudo, material. A etiqueta deve ter características físicas que lhe permitam ser associada a esse ou àquele suporte. É também uma atribuição semântica: o que está escrito na etiqueta deve dizer respeito a esse suporte. Na maioria das vezes, essa dupla atribuição participa de uma rotina que a torna, de certa maneira, natural. Se vemos num pacote de biscoito informações nutricionais que estabelecem o número de calorias por 100g, as taxas de gordura, de proteínas etc., achamos normal que tais produtos sejam embalados de forma a tornar possível a presença de determinados números de enunciados e que eles sejam atribuídos a

esse tipo de mercadoria. Mas se as mesmas informações constassem numa camiseta, quem as lesse seria obrigado a elaborar hipóteses interpretativas para determinar por qual razão tais enunciados aderentes seriam adequados à camiseta da pessoa que a veste, partindo do postulado de que devem ser atribuídos a tal suporte.

(2) A atribuição como tomada de posse: constata-se que um enunciado aderente se encontra associado a determinado suporte, mas essa constatação só é possível porque anteriormente uma entidade (um indivíduo, uma empresa, uma associação, o Estado...) considerou legítimo situar tais enunciados aderentes nesse lugar, com tudo o que isso implica. Divulgar uma marca em um alimento é fazer dela uma mercadoria submetida às leis da propriedade intelectual e inscrita em um circuito comercial submetido a diversas regulamentações. Para os poderes públicos, obrigar os motoristas a exibirem uma placa em seus carros é, de certa maneira, assumir seu controle, fazer deles veículos autorizados a circular pelas estradas, poder associá-los a um proprietário e a uma apólice de seguro. Frequentemente, por meio dos diversos enunciados aderentes a ele associados, o mesmo suporte se torna objeto de apropriações diversas segundo interesses eventualmente divergentes.

Em matéria de adequação a um suporte, os grafites levantam um problema. Falo aqui dos grafites comuns, não dos que pertencem a alguma forma de "street art". Trata-se de enunciados aderentes cujo suporte seria um muro? Tem-se o direito de pensar que não. Como o cartaz eleitoral num poste, esse tipo de grafite não tem relação específica com o muro no qual figura. Mas nem sempre é esse o caso: pode acontecer de o próprio grafite indicar, por seu conteúdo, estar apropriado ao lugar em que está inscrito, tornando-se então um enunciado aderente. Pode-se pensar aqui em insultos como "Poluidor!" pintado na parede da casa de um industrial da área da química, ou "Policiais assassinos" na parede de uma delegacia. Como todo insulto, esses enunciados selecionam seu referente mobilizando de maneira crucial seu ambiente físico, no caso, o edifício no qual figuram. Isso pressupõe, no entanto, que o transeunte que os vê dispõe dos recursos que lhe permitirão estabelecer uma relação entre esses insultos e o(s) ocupante(s) do lugar. No caso de "Poluidor!", se o transeunte sabe a quem pertence a casa, vai formular hipóteses com base nas propriedades linguísticas do insulto e no postulado segundo o qual o enunciado está localizado no suporte apropriado.

O enunciado aderente e seu suporte não formam um todo compacto, como seriam duas peças complementares de um mecanismo. Os enunciados aderentes, de certa forma, vêm juntar-se a um objeto que, aparentemente, não tem necessidade dele para ser o que é. Uma rua não tem necessidade de uma placa indicativa de seu nome para ser uma rua, um espaço entre duas fileiras de casas pelo qual se pode circular. Aliás, é fácil um historiador mostrar que numerosos objetos que não mais concebemos como desprovidos de enunciados aderentes não os incluíam numa ou noutra época. Quase somos tentados a ver na relação de aderência uma relação parasitária, com todo o peso pejorativo que esse adjetivo tem. Na realidade, é preciso dar-se conta da tensão entre a suposta autonomia dos objetos aos quais os enunciados aderentes se colam e o fato de que, na realidade, eles os transformam, convertendo-os em seus suportes, fazendo-os entrar em novas redes, em novos usos. Ao se afixar em uma casa uma placa comemorativa do tipo "Nesta casa nasceu / viveu...", muda-se seu estatuto: ela se torna um lugar de memória, diante do qual podemos nos deter, uma relíquia, com tudo o que isso implica. Os objetos entre os quais vivemos não cessam de se transformar em função dos enunciados aderentes a eles associados, e essas associações caracterizam uma sociedade, fazem dela determinada sociedade.

O paradoxo constitutivo do enunciado aderente é então parecer um acréscimo, mas fazer de certa forma parte do suporte. Qualquer enunciado aderente implica, de fato, um mundo que torna sua existência necessária. Se não podemos imaginar um produto que seja vendido em um supermercado sem preço ou marca é porque vivemos em determinado tipo de sociedade no qual se requer que os produtos à venda nesse tipo de comércio tenham afixados um preço e uma marca. Em oposição a essas rotinas que os tornam, de certa forma, naturais, outros enunciados aderentes não se apoiam em um mundo comprovado, mas pressupõem um mundo por sua própria existência. O militante ecologista que escreve "Poluidor!" na casa de um industrial da química não pretende acrescentar um enunciado aderente a uma casa que não deveria comportá-lo, mas restabelecer a verdade, instituir um mundo no qual as coisas sejam chamadas por seu nome, um mundo no qual não existiriam casas nas quais se precisasse escrever "poluidor".

Dos livros aos monumentos

A problemática dos enunciados aderentes obriga a evocar outra, mais bem estabelecida, a do paratexto (Genette 1987; Lane 1992), ou, mais precisamente, desse componente do paratexto que é o peritexto de um livro: título, sumário, prefácio, *copyright* etc.

Na realidade, só alguns elementos desse peritexto pertencem à categoria dos enunciados aderentes. O termo "livro" pode, de fato, designar duas coisas distintas: o livro enquanto objeto material, produto de fabricação e mercadoria posta à venda, e o livro enquanto entidade imaterial que exprime o ponto de vista de um ou mais autores. Só o livro como objeto é associado aos enunciados aderentes: em particular, o nome do editor, o *copyright*, a ficha catalográfica, o depósito legal, o número do ISBN (International Standard Book Number). Esses enunciados aderentes nem sempre existiram: basta olhar para a história particularmente complexa do *copyright* ou do ISBN para persuadir-se desse fato. Sua existência testemunha uma mudança no estatuto do livro. Já o prefácio ou a dedicatória, o título, o nome do(s) autor(es), as eventuais epígrafes, as escansões do tipo "Capítulo X" fazem parte do livro como entidade imaterial. Pode-se objetar que a divisão em capítulos, por exemplo, nem sempre é decisão do autor, mas de terceiros mais ou menos discretos. Sem dúvida, foram os gramáticos de Alexandria que dividiram a *Odisseia* de Homero em 24 cantos, mas essa divisão tinha a finalidade de melhor organizar a narrativa, não dizia respeito ao texto em sua materialidade. Os que a fizeram esperavam que os leitores a atribuíssem ao autor.

As coisas podem parecer menos evidentes para outros elementos do peritexto: a capa, por exemplo, inclui frequentemente uma nota biográfica do autor e um texto breve de apresentação da obra redigidos pelo editor, pelo autor ou pelos dois em conjunto. Não se pode considerá-los como enunciados aderentes, já que não dizem respeito ao livro como objeto; mas também não se pode considerar que não fazem parte da obra. Na realidade, eles se situam em outro plano: o da enunciação editorial (Souchier 2007), que vai do editor ao leitor.

Em certas situações, a própria distinção entre enunciados aderentes e suporte parece se embaralhar. É o caso, por exemplo, dos monumentos aos mortos que se encontram na maior parte das cidades do mundo.

Este, por exemplo:

Fleury en Bière [Seine-et-Marne] (15 de outubro de 2018)

Na parte superior, pode-se ler uma lista de soldados mortos, seguida da inscrição:

À

MEMÓRIA

DOS FILHOS

DE FLEURY EN BERCY

QUE MORRERAM PELA FRANÇA

1914-1918

Em alguns desses monumentos, consta apenas a fórmula memorial, sem a lista precisa dos defuntos, como na cidadezinha de Saint-Savenien, situada no sudeste da França: “À memória gloriosa dos soldados de St.-Savenien que morreram pela França. 1914-1918". Aqui, a lista dos soldados está implicitamente incluída no designador "os soldados de St-Savenien que morreram pela França".

Do ponto de vista dos enunciados aderentes, esses monumentos são uma fonte de perplexidade. Pode-se, de fato, apreendê-los de duas maneiras: pode-se considerar serem eles os suportes de enunciados aderentes, no caso, das inscrições memoriais que figuram neles, mas é igualmente possível concebê-los como totalidades indecomponíveis, sem distinguir entre enunciado aderente e suportes. Essas totalidades constituiriam então uma espécie de enunciados aderentes cujo suporte seria o próprio lugar em que estão: a terra da cidade em que viviam os soldados que deram a vida por sua pátria. Essa segunda hipótese é a que parece mais adequada.

Dizer que o monumento é o suporte do enunciado aderente seria pressupor que as inscrições vêm juntar-se a um suporte que não necessita delas para preencher sua função. No entanto, se retirarmos essas inscrições, não estaremos mais diante de um monumento aos mortos, mas de um agenciamento de pedras cujo valor estético seria evidente, mas cuja função seria enigmática. Certamente, em um experimento mental, pode-se muito bem imaginar que um monumento aos mortos seja desprovido de qualquer inscrição, mas seria necessário então ele apresentar todas as características típicas dos monumentos aos mortos: sua forma, os materiais de que é feito, os signos icônicos que neles figuram habitualmente. Caberia então aos transeuntes restituir mentalmente os enunciados aderentes que faltam, aqueles que lhes dão sentido.

Pode-se também imaginar o caso simétrico: a presença de um enunciado aderente memorial e a ausência de monumento. Nesse caso, a municipalidade se contenta em exibir uma simples placa, afixada, por exemplo, na parede da prefeitura, da igreja ou do cemitério municipal, onde estão escritos os nomes dos soldados. A placa é então um simples vetor de enunciado aderente; não seu suporte. Nem a parede, nem o lugar delimitado por essa parede constituem o suporte: é o território do município em questão, condensado metonimicamente num lugar ou edifício que reagrupa simbolicamente seus habitantes.

Encontram-se dificuldades da mesma ordem com objetos como as medalhas ou as insígnias costuradas nas roupas que os indivíduos condecorados carregam. Esses objetos, de forma bem característica, poderiam ser considerados suportes de enunciados aderentes. No caso das insígnias, eles são em geral divisas, o nome da coletividade referida (um regimento, uma equipe, uma associação...) ou ambos, associados a uma bandeira ou a brasões. No caso das medalhas, trata-se do nome do destinador ("República de X", "Ministério de Y") e/ou de um recipiendário, ou das circunstâncias nas quais ela foi outorgada ("XXX Olimpíada de Londres 2012", para uma medalha olímpica) ou ainda de divisas ("Honra e Pátria", "Patria non immemor..."). Em vez de considerar esses enunciados como enunciados aderentes, nós os consideramos componentes de totalidades aderentes cujo suporte é o corpo do indivíduo que os carrega: a insígnia de seu regimento para um soldado, a medalha olímpica para o atleta... Para o soldado, a medalha marca simplesmente o pertencimento a um coletivo; para o esportista, ele o distingue, faz dele uma pessoa exemplar no interior do coletivo em questão.

Ao atribuir uma medalha distintiva a um indivíduo, uma instituição se apropria dele; ela o designa como sendo alguém cujo comportamento está de acordo com os valores que a fundamentam. Na França, durante o século XIX e até os anos 1950, na escola primária e no colégio, era comum atribuir aos bons alunos, a cada mês ou a cada semana, "cruzes de honra" nas quais estava escrito "Honra ao mérito". Inscrever tal enunciado aderente era dizer por qual razão tal aluno carregava essa medalha, solidária de um sistema político republicano meritocrático, que erigia o sucesso escolar como garantia da promoção social. A escola mostrava que sabia recompensar precisamente aqueles que "merecem" ser recompensados.

Monumentos aos mortos, medalhas ou insígnias nos obrigam a afinar nossa terminologia. Trata-se, de fato, de produções semióticas que, como os enunciados aderentes, são fixadas em um suporte para o qual são adequadas, mas que integram elementos verbais e não verbais. Para dar conta da diferença entre um enunciado aderente e uma medalha, uma insígnia ou um monumento aos mortos que contêm inscrições, pode-se elaborar uma categoria mais abrangente, a dos "signos aderentes", que podem se manifestar de três diferentes formas:

— NÃO VERBAL: como uma placa que indica uma direção, mas que é desprovida de qualquer elemento linguístico, ou ainda o logotipo de uma prefeitura fixado em um mobiliário urbano pelo qual ela é responsável;

— VERBAL: trata-se então dos enunciados aderentes de que se ocupa este livro;
— MISTO: o verbal e o não verbal estão integrados em uma totalidade indecomponível: é o caso, por exemplo, das medalhas.

O recurso a esse ou àquele tipo de signo aderente depende evidentemente de sua função. Compreende-se facilmente que os signos "mistos" sejam reservados a práticas que privilegiam a dimensão simbólica.

Os quadros

As obras pictóricas nos confrontam com dificuldades de outro tipo. A legenda que o museu colocou bem ao lado do célebre quadro de Magritte que diz "*Ceci n'est pas une pipe*" ("Isto não é um cachimbo") é evidentemente um enunciado aderente que indica o título, no caso, "A traição das imagens", o nome do autor e diversas indicações: "1928-1929, pintura a óleo sobre tela, 59 x 65 cm...". Por outro lado, a frase "Ceci n'est pas une pipe" pintada no interior do quadro não é um enunciado aderente: sem dúvida, ela tem um estatuto metassemiótico, já que comenta a imagem do cachimbo posta ao lado dela, mas é integralmente um constituinte da pintura de Magritte.

O estatuto do *cartellino* na pintura flamenga ou italiana dos séculos XV e XVI é menos evidente. Por esse procedimento, o artista pintava em *trompe l'oeil* em seu quadro um folheto que comportava o nome do pintor e às vezes a data da execução da obra. A diferença em relação ao quadro de Magritte é nítida: enquanto o enunciado "Ceci n'est pas une pipe" faz plenamente parte da obra, que ela converte em reflexão sobre a representação pictórica, o *cartellino* insinua-se visualmente na representação representada sem fazer parte dela.

Além do *cartellino*, surge a questão do estatuto da assinatura a ele aposta. Uma assinatura de autor é uma espécie de marca (Thérenty; Wrona, 2020). Certamente, a relação entre um pintor e sua criação é diferente da relação entre uma marca e seus produtos: o nome do artista está inscrito em obras singulares e não em séries de produtos idênticos, e a obra é uma etapa em uma trajetória criadora pessoal. Mas trata-se, tanto num caso como no outro, de apropriar-se de um objeto do qual alguém se considera o criador, o "proprietário intelectual". Não se deve esquecer, no entanto, que muitas pinturas antigas não são assinadas; a presença de uma assinatura está ligada a um certo número de condições sócio-históricas que os historiadores da arte se dedicam a elucidar.

Uma assinatura em um quadro, eventualmente associada a uma data, constitui um enunciado aderente? Um quadro é uma superfície pintada, mas é também uma obra, uma enunciação que vai de um criador a um público. Essa ambiguidade se encontra também nos livros: *Madame Bovary* é a narrativa da vida de uma mulher do século XIX, mas é também um romance que tem um autor e se destina a um público. Quando se trata de um livro, a diferença entre texto e paratexto permite gerir essa ambiguidade: um certo número de elementos do paratexto (o título, o nome do autor, a epígrafe...) decorre da enunciação destinada aos leitores. Para um quadro, em contrapartida, não existe espaço intermediário entre o interior e o exterior, nenhum limiar. De sorte que a assinatura, quando há uma, mesmo estando inscrita no quadro, não se situa no mesmo plano de enunciação, e não é, portanto, um enunciado aderente. A prática do *cartellino* é uma das soluções encontradas para resolver o problema. Ela consiste em sublinhar a heterogeneidade entre a cena pintada e a assinatura, conferindo um caráter estético à assinatura, fazendo dela uma espécie de miniquadro. A solução oposta consiste em inserir discretamente a assinatura na cena representada.

Há um segundo tipo de *cartellino*: ele surge como parte integrante da cena representada. No "Retrato de uma mulher inspirado por Lucrécia"[1], de Lorenzo Lotto, por exemplo, a jovem representada segura na mão esquerda um desenho que representa Lucrécia no momento em que ela se prepara para se apunhalar. O indicador de sua outra mão aponta para uma folha de papel na qual está escrito, em latim, "*Nec nulla imputica Lucretiae exemplo vivet*" ("Que nenhuma mulher impudica como Lucrécia permaneça viva"). É essa a aforização posta na boca de Lucrécia pelo historiador romano Tito Lívio e que permite constituir Lucrécia como modelo de virtude. A significação desse enunciado no quadro de Lotto é discutível, mas uma coisa é certa: como "Ceci n'est pas une pipe" na obra de Magritte, não se trata de um enunciado aderente, mas de um componente do quadro.

[1] Lucrécia (*Lucretia* em latim) era a esposa de Lúcio Tarquínio Colatino, próximo do rei de Roma, Tarquínio. Tendo sido violentada por Sexto Tarquínio, filho do rei, a jovem se suicidou.

Alguns séculos mais tarde, a pintura desse tipo de *cartellino* caiu em desuso, mas existem práticas semelhantes. Pode-se vê-las, por exemplo, no célebre quadro de Jacques-Louis David, "Bonaparte cruzando o Grand-Saint Bernard"[2].

A assinatura e a data ("L. DAVID L'AN IX") não são visíveis à primeira vista. Elas estão pintadas sobre a faixa de couro que envolve o peitoral do cavalo. Por outro lado, percebem-se imediatamente três nomes gravados com maiúsculas nos rochedos: BONAPARTE, ANNIBAL, KAROLUS. MAGNUS.IMP [Imperador Carlos Magno]. É o nome de Napoleão que é o mais visível, porque é maior e pintado com uma cor mais viva. Esses nomes inscrevem Bonaparte em uma série prestigiosa: antes dele, o ge-

---

[2] Disponível em: https://bit.ly/3dFEVeh; acesso em: 15 set. 2022. Há cinco versões desse quadro; comento aqui a que foi destinada ao rei da Espanha, que hoje pode ser vista no Château de Malmaison, em Rueil-Malmaison, perto de Paris. Ela data de 1801.

neral cartaginês Aníbal e o imperador Carlos Magno tinham atravessado os Alpes com seu exército. Essas duas personagens não foram escolhidas ao acaso: Aníbal é um herói da Antiguidade. Ora, o estilo de David — como o que domina a Europa na época — é de inspiração neoclássica. Já Carlos Magno, Imperador do Ocidente, é uma espécie de modelo político do futuro Napoleão. Nas cinco versões do quadro pintadas por David, esses três nomes são idênticos; mas a assinatura e a data têm variações, e uma das versões nem é assinada: a que David conservava em seu ateliê. Essa divergência é significativa: os nomes gravados na pedra fazem plenamente parte do quadro, eles explicitam sua mensagem; mas os enunciados aderentes — a assinatura e a data — se situam em outro plano; participam da relação entre o artista e seus destinatários.

David não pintou esses três nomes nas pedras só porque elas eram de cor clara e se encontravam em primeiro plano, mas também porque eram blocos de pedra, o suporte apropriado para tais enunciados aderentes: a passagem de Bonaparte e de seus predecessores deve estar inscrita na rocha para a eternidade. Os Alpes são transformados pela travessia dos exércitos desses três heróis: não se trata apenas de montanhas, mas do teatro de suas façanhas. Sem dúvida, essa apropriação dos Alpes pelos enunciados aderentes só pode se realizar em um quadro, mas esse quadro tem precisamente por função inscrever, não na rocha, mas na memória, a intervenção vitoriosa de Bonaparte.

Enunciados aderentes estáveis?

Uma inscrição gravada na rocha ou uma assinatura pintada em um quadro estão destinadas a aderir duradouramente a seu suporte. Mas esse está longe de ser o caso da maioria dos enunciados aderentes.

Uma etiqueta de preço fixada num livro desaparece, não porque o livro deixa de existir materialmente, mas porque mudou de estatuto: é somente enquanto mercadoria que ele era o suporte desse tipo de enunciado aderente. Se o livro não é mais uma mercadoria, a etiqueta perde toda a razão de ser. Também pode acontecer de o próprio suporte desaparecer: a aderência de uma etiqueta adesiva a uma fruta só pode ser transitória, porque, uma vez comprada, a maçã vai ser comida; e, se não for vendida, ela vai apodrecer. Mas, trate-se de livro ou de fruta, a estabilidade da relação de aderência deve ser considerada em relação ao estatuto de seu suporte: não são a maçã, a pera ou o abacaxi o suporte de uma etiqueta, mas a maçã, a pera ou o abacaxi enquanto mercadorias postas à venda em um supermercado. Quando estão penduradas em uma árvore, não se coloca nelas nenhum tipo de etiqueta adesiva.

Evidentemente, só quando o enunciado aderente é removível tomamos consciência mais clara da instabilidade do suporte. Um enunciado aderente em uma camiseta tem a duração da camiseta, assim como supostamente a duração de um epitáfio gravado é a mesma do túmulo no qual está inscrito. Obviamente, a expectativa de vida de uma camiseta é menor que a de um bloco de pedra, mas, nos dois casos, os enunciados aderentes e seu suporte formam uma unidade e não se supõe que esse suporte vá mudar de estatuto.

Há previsão de suportes capazes de permitir a renovação dos enunciados aderentes. Está previsto que o nome de um locatário em uma caixa de correio deve ser facilmente removível e substituído por outro. Existem igualmente enunciados aderentes que devem ser renovados periodicamente: sob pena de multa, os motoristas franceses devem afixar no para-brisa de seus carros uma etiqueta de cor verde para indicar que os veículos estão segurados no ano em questão. É da natureza desse tipo de enunciado aderente ser simultaneamente o mesmo e variar ligeiramente a cada ano.

Dos exemplos precedentes, evidenciam-se dois tipos de enunciados aderentes transitórios. Os primeiros, como as etiquetas nas caixas de correio e as etiquetas nos carros, são renovados. Os outros são ligados a uma fase da existência de seus suportes: é o caso da etiqueta em uma fruta à venda, ou ainda a de um objeto encomendado no qual vem colado um formulário destinado aos transportadores. Quando a encomenda é entregue a seu destinatário, o formulário é retirado; ele só adere durante a fase de encaminhamento. Depois disso, não se tem mais uma encomenda, um elemento em uma cadeia logística, mas um papelão que embrulha um presente ou uma compra.

Mas essa distinção não é suficiente. Para que um computador chegue a seu usuário, é preciso haver antes uma mercadoria à venda, depois um objeto mais ou menos frágil, de certo formato e peso, que é necessário transportar de um ponto a outro; em cada um desses dois estatutos são fixados enunciados aderentes específicos. O transportador não se ocupa dessa ou daquela mercadoria, mas de um papelão que embrulha um objeto. É num papelão e não no computador que ele coloca seus próprios enunciados aderentes. Reencontra-se aqui o caso precedente: a passagem de um estatuto a outro. Quando o comprador desembala o computador, ele se encontra diante de dois tipos de enunciados aderentes: o nome da marca e o do modelo, afixados na máquina, mas há também adesivos de diversos tipos: pode-se distinguir os que têm uma finalidade claramente publicitária (por exemplo, "Intel Inside®"), os que são destinados a facilitar o uso e aqueles, enfim, que identificam o produto por letras, números e códigos de barra. Para todos esses enunciados aderentes, o suporte tem o mesmo estatuto. No entanto, o simples fato de alguns serem adesivos os predispõem a serem transitórios, sem que isso seja uma fatalidade. Certos usuários só vão eliminar os enunciados aderentes publicitários, mas não os que podem facilitar o uso e a manutenção; outros conservarão todos, e outros ainda vão eliminar todos.

No caso da maçã, da encomenda ou do computador, trata-se da mesma maçã que está na árvore e numa loja, é o mesmo papelão, provido ou não de uma etiqueta, é o mesmo computador que é mercadoria e máquina que se utiliza. Mas os enunciados aderentes podem mudar ao mesmo tempo em que o objeto original se transforma. Nas florestas cuja madeira se explora, pintam-se letras e números em certo número de árvores que fornecem indicações sobre sua derrubada. Uma vez abatida a árvore e retirada a casca, ela se torna um tronco ao qual se vão associar outros tipos de enunciados aderentes, relativos a seu novo estatuto, o de um volume de madeira a ser transportada para uma serraria. Lá ela pode receber outros enunciados aderentes, em função das transformações a que é submetida.

Nesse exemplo, os enunciados aderentes pintados na árvore em pé desaparecem quando ela é abatida ou descascada; os que estão inscritos no tronco descascado desaparecem, por sua vez, quando a árvore é transformada em tábuas. É a situação mais simples. Mas pode ocorrer também que um enunciado aderente transitório se mantenha mesmo quando não tem mais utilidade. A etiqueta que indica o preço de um livro pode permanecer colada no livro depois de ele ser comprado e lido; e, se o preço estiver impresso na contracapa, será impossível eliminá-lo. Até o século XIII, os talhadores de pedra, pagos por empreitada, inscreviam sua marca nos blocos que tinham talhado. Esse enunciado aderente convertia a pedra em produto de um trabalho ao qual correspondia uma remuneração para um artesão. Quando a pedra era passada aos pedreiros, a marca do talhador não desaparecia, mas perdia toda a relevância. A pedra podia então ver-se associada a outro enunciado aderente, uma marca destinada dessa vez a indicar aos pedreiros o lugar que o bloco deveria ocupar no edifício. No mesmo suporte, estavam assim justapostos enunciados aderentes que correspondiam a sucessivos estatutos do objeto. O primeiro inseria a pedra em uma atividade, a transformação de um bloco em pedra de construção; o segundo a inseria em outra atividade, a edificação de um monumento.

No comércio contemporâneo, vemos multiplicarem-se os casos de coexistência de enunciados aderentes de distintas durações, mas simultaneamente válidos. Tomemos o exemplo de uma roupa à venda em uma loja franqueada. Alguns enunciados aderentes estão costurados nela: nome da marca, composição do tecido, instruções de lavagem. Considera-se que eles constituem uma unidade com seu suporte, incorporados a ele durante toda a sua existência. Mas durante o período em que a roupa tem o estatuto de produto à venda, acrescentam-se outras etiquetas. A que está na foto abaixo, por exemplo, contém na frente o nome da marca e no verso um código de barras, além de diversas indicações técnicas, em especial o nome do produto, seu tamanho, sua composição, seu preço, o número do lote...

Assim, a forma como a etiqueta é concebida confere aos enunciados da frente e do verso períodos de validade muito diferentes. O nome da marca, que figura na frente, é válido para o conjunto das roupas vendidas por essa marca em um período que pode ser longo; por outro lado, o verso contém informações específicas para essa peça de roupa: é um papel colado cuja validade é bem menor.

No interior dessa primeira etiqueta, se encontra um invólucro que contém um texto curto, disposto verticalmente, que informa de qual tecido a roupa é feita e quais são suas vantagens.

> Nossa gama BURTON / Extensível foi / especialmente concebida para / garantir uma grande / sensação de conforto e de / liberdade de movimento. A / tecnologia dos tecidos / extensíveis permite / igualmente o bom caimento / da roupa, um amassado reduzido, bem como / facilidade de manutenção.

Assim, na mesma etiqueta, podem-se distinguir três estratos temporais:

(1) O enunciado aderente impresso na frente é válido durante um período que pode durar até vários anos e se aplica a um estoque considerável de roupas;
(2) o enunciado aderente colado no verso só vale para um tipo de roupa, e somente durante uma estação;
(3) o texto no invólucro vale pelo tempo durante o qual a marca vende roupas feitas com esse tecido, que ela pretende promover.

Como acontece normalmente no comércio, há períodos de liquidação, que se traduzem no acréscimo de novas etiquetas. É o que ocorre com a roupa em questão, à qual se fixou uma etiqueta de cor vistosa em que está escrito "–50% / ver condições na loja". Nesse caso, a duração da validade do enunciado aderente é limitada a alguns dias ou a algumas semanas. A roupa adquiriu um novo estatuto: tornou-se mercadoria em liquidação, um bom negócio para o consumidor. Mas esse novo estatuto lhe confere, na cabeça dos compradores, outras propriedades: a de uma mercadoria que sem dúvida vendeu pouco e para a qual é preciso prever que a gama habitual de tamanhos ou de cores não esteja à disposição.

Enunciados, sequências, módulos

Até aqui tratei como "enunciados aderentes" unidades de tamanhos e de tipos muito diferentes (palavras, frases, textos, sequências alfanuméricas...) que figuram em um suporte. Mas quando várias dessas unidades figuram em um mesmo suporte, vamos dizer que cada uma é igualmente um enunciado aderente, ou que o enunciado aderente engloba o conjunto dessas unidades? Adotando a segunda solução, fazendo do enunciado aderente um termo englobante, enfrentam-se diversas dificuldades. Evocarei duas, que acumulam seus efeitos. A primeira é a heterogeneidade das unidades envolvidas. Nas roupas, por exemplo, encontram-se diversas etiquetas, geralmente localizadas em lugares distintos. Destinam-se a indicar a marca do fabricante e a composição do tecido, a dar instruções de lavagem, a especificar o tamanho. Seria contraintuitivo dizer que essas etiquetas constituem um enunciado aderente. A segunda dificuldade é o fato de as unidades que figuram em um suporte serem muito frequentemente atribuídas a responsáveis distintos. Uma inscrição, "AÇOUGUE" ou "LIVRARIA", na vitrine de uma loja constitui um enunciado aderente único atribuído a um só responsável, mas não é esse o caso de uma bebida vendida em uma embalagem de papelão cujas faces são todas cobertas de inscrições: nome da marca, volume, composição, *slogan*, lugar de fabricação, número do lote, data de vencimento etc. Sem dúvida, a embalagem foi concebida para um só agente, a marca que comercializa o produto, mas isso não significa que ela seja responsável pelos diversos pontos de vista que os enunciados exprimem. A advertência "Deixar fora do alcance das crianças" ou as informações sobre a taxa de gordura ou dos glicídios contidos no produto são de responsabilidade das autoridades sanitárias.

Para contornar essa dupla dificuldade, chamaremos de enunciado aderente uma sequência de signos atribuídos a um mesmo responsável, contíguos (os signos em duas etiquetas distintas não serão considerados contíguos), pertencentes à mesma rubrica, isto é, a serviço da mesma função. Essas funções dependem evidentemente do tipo de suporte: uma escultura prototípica comporta uma rubrica dedicada à assinatura do artista, mas nenhuma rubrica dedicada a precauções de uso.

Tal caracterização só pode ser imprecisa, dada a infinita diversidade dos suportes e a quantidade considerável de arbitrariedade que a determinação das rubricas comporta. Nas embalagens dos produtos alimentícios, identificam-se facilmente rubricas consagradas às informações nutricionais (taxas de glicídios, de lipídios...), apresentadas na maioria das vezes na forma de tabelas. Mas o nome da marca e o nome do produto, usualmente contíguos nas embalagens, formam uma só rubrica? Não está claro se se poderia separá-los sem levar em conta o tipo de produto em questão, as cores e o tamanho dos caracteres, a forma da embalagem...

As mercadorias à escolha dos consumidores representam, no entanto, um caso extremo. Na maioria dos suportes, as rubricas são pouco numerosas e estabilizadas pelo uso. As placas afixadas ao lado das pinturas expostas nos museus são em geral constituídas de uma série de rubricas, das quais só as três primeiras são obrigatórias:

(a) o nome do pintor, associado às datas e lugares de nascimento e, eventualmente, de morte;

(b) o título da obra e o ano de sua criação;

(c) a técnica usada e as dimensões da obra;

(d) um comentário de natureza histórica e estética.

Temos, por exemplo, a seguinte legenda num quadro exposto no Museu de Sète[3]:

Fanny FLEURY
(Paris, 1848-1920)

O repouso do modelo, c. 1882
Óleo sobre tela, 163 x 223 cm

Essa noção de rubrica, que é de ordem funcional, não define antecipadamente o número de "sequências" (verbais, numéricas, alfanuméricas, icônicas) que ela contém, nem sua dimensão. Em nosso exemplo, pode-se separar a primeira rubrica em duas sequências: "Fanny FLEURY" e "(Paris, 1848-1920)". Essas, por sua vez, se deixam analisar em unidades menores, dois "módulos": o lugar de nascimento ("Paris") e as datas de nascimento e morte ("1848-1920"). Mas essa separação interfere com a imposta pelo agenciamento visual do enunciado aderente, que tem como efeito destacar certas informações em detrimento de outras. Na placa do museu de Sète, a tipografia cria uma oposição entre a primeira rubrica, destacada, porque inscrita em uma faixa colorida, e as duas seguintes, sobre um fundo branco. Além disso, na própria parte colorida, o nome da artista está em negrito, diferentemente do lugar de nascimento e dos anos de nascimento e morte.

[3] Sète é uma cidade de cerca de 90.000 habitantes situada no departamento de Hérault, no sul da França.

Capítulo 2

Identidade e apoios

O enunciado aderente e seu suporte

Quando se fala do "suporte" de um enunciado aderente, pensa-se espontaneamente que o enunciado aderente vem se juntar a ele. Mas um objeto não é um suporte antes de um enunciado aderente nele se inscrever e afetar sua identidade, além da modificação material que sua presença implica. Se alguém inscreve uma dedicatória pessoal em um objeto e o oferece a um amigo, esse objeto se converte em um presente, na manifestação de uma relação pessoal entre doador e donatário. Consideremos, por exemplo, na página seguinte, a gravura do final do século XIX.

Na parte de baixo, encontra-se, como era regra na época, um primeiro enunciado aderente, a assinatura do artista, no caso, "Lionel Le Couteux" (1847-1909), e a indicação da técnica utilizada na gravura: "aq. forte". Essas duas rubricas atestam seu estatuto de gravura, conforme as regras do mercado de arte. Mas pode-se também ler uma dedicatória: "A minha prima Félicie", seguida de nova assinatura, "Lionel Le Couteux".

Essa gravura acumula assim dois estatutos: o de uma gravura e o de um presente. A assinatura "Lionel Le Couteux ", apesar de aparecer duas vezes, constitui dois enunciados aderentes situados em níveis distintos. O estatuto de presente não abole o estatuto de gravura; ela continua a ser uma obra de arte que o gravador oferece, e é isso, de fato, que confere valor a seu presente. No primeiro caso, a assinatura é acrescentada a uma série de águas-fortes; ela põe em relação um artista e um público indeterminado. No segundo, ela incide sobre um objeto singular, *esta* gravura que a prima Félicie pode pendurar na parede de sua sala e que pode, segundo as circunstâncias, vir a ser tida como uma obra de arte ou como um presente de seu primo. O próprio artista sublinhou a distinção, com duas assinaturas muito diferentes. A primeira, paralela à gravura, é grafada a tinta e é bem legível. O artista procura reproduzir o modelo de assinatura encontrável no conjunto de sua obra. Outra é grafada obliquamente, a lápis.

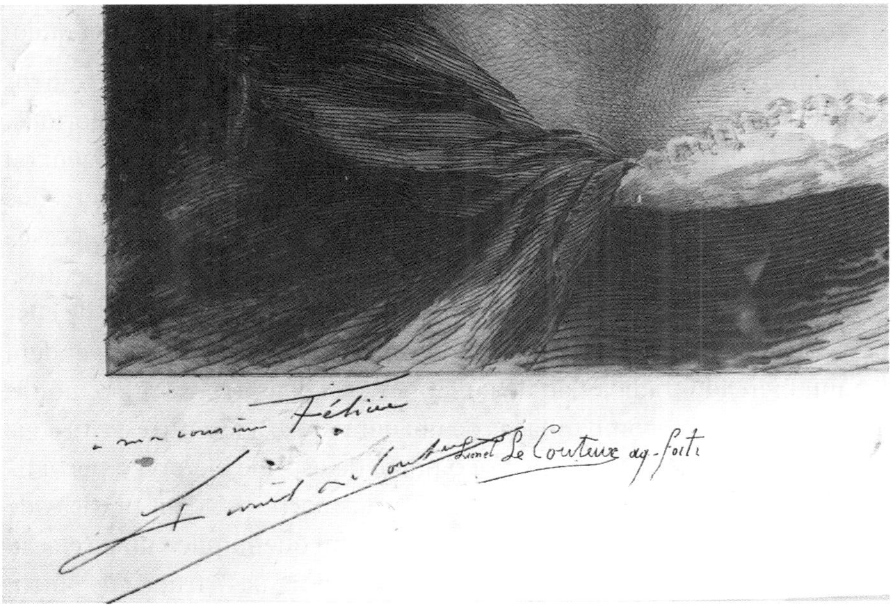

Se, por acaso, a "prima Félicie" for uma pessoa célebre à qual, depois de sua morte, se dedicam exposições, a gravura pode, então, transformar-se em relíquia e figurar em uma vitrine, associada a um novo enunciado aderente, no caso, uma placa, posta a seu lado.

Um documentário — transmitido no dia 1º de maio de 2021 às 8h35min pelo canal de TV ARTE sobre os carvoeiros romenos da Transilvânia

— mostrava como o mesmo carvão de madeira, segundo os enunciados aderentes inscritos nos sacos em que era embalado, se tornava uma produção alemã, italiana ou francesa. A origem da madeira e as condições materiais de sua produção variavam segundo o enunciado aderente colado na embalagem, embora se tratasse materialmente do mesmo carvão.

Em certos casos, a presença de um enunciado aderente condiciona até as propriedades físicas do suporte, e não apenas a representação que se tem dele e de seus circuitos de distribuição. Uma maçã à venda num supermercado pode ser associada a três tipos de enunciados aderentes:
(1) em cada fruta, uma pequena etiqueta adesiva que indica, em geral, o nome da marca;
(2) uma etiqueta fixada em uma bandeja coberta de celofane que contém várias frutas;
(3) ao lado de uma pilha de maçãs em fardos, um letreiro padronizado que fornece diversas informações sobre a origem, o peso, o preço por quilo.

O próprio conjunto da prateleira de frutas pode ser acrescido de outros tantos enunciados aderentes, na forma de grandes cartazes coloridos, com informações sobre as promoções ou explicações sobre a origem ou as condições de produção das frutas. Ora, as maçãs nos supermercados tendem a se conformar a um estereótipo: têm o mesmo tamanho, a casca é lisa, suas cores são homogêneas e vivas, um pouco como a apetitosa maçã que a Rainha Má oferece a Branca de Neve no filme de Walt Disney. Tais maçãs são diferentes das que os pequenos produtores vendem em um mercado tradicional: de tamanhos desiguais e mostrando muitas imperfeições, são acompanhadas de um enunciado aderente escrito a giz em uma lousa que indica somente o nome da espécie e o preço por quilo. Essa divergência na aparência das frutas corresponde a práticas de compra distintas: de um lado, a transação oral que implica uma relação pessoal com um "pequeno produtor" que vende "suas" frutas; de outro, um consumidor que empurra um carrinho e se encontra sozinho diante de prateleiras de mercadorias padronizadas nas quais muitos produtos concorrentes estão disponíveis para sua escolha.

Suponhamos que hoje o supermercado acrescente enunciados aderentes como "orgânico" ou "produto de agricultura orgânica" a maçãs amontoadas em um caixote que não correspondem ao estereótipo da maçã padronizada. Então, em virtude de um simples novo letreiro, elas já não são mais frutas indignas de um supermercado, mas produtos que implicam um circuito comercial e certificações específicas, que podem ser vendidos por um preço mais alto. À oposição entre frutas padronizadas e frutas artesanais acrescentou-se a distinção entre frutas orgânicas e frutas não orgânicas.

Natureza e história

Pode-se ter uma ideia do poder que os enunciados aderentes têm de modificar a identidade daquilo a que são apostos considerando um caso extremo, o de um enunciado que não modifica em nada o uso de seu suporte e ainda acrescenta uma informação aparentemente desprovida de qualquer utilidade.

No Parque de Vincennes, perto do gramado de Reuilly, os transeuntes têm a sua disposição alguns bancos rústicos de madeira nos quais foram gravados os nomes das espécies de árvores das quais são feitos: "Carvalho" , "acácia"... É o que se pode ver nesta foto:

Banco colocado no gramado de Reuilly; 2 de fevereiro de 2020

À primeira vista, a presença de tal enunciado aderente parece surpreendente; não se trata de um grafite, nem de uma performance artística. Pode-se pensar que quem gravou esse nome de árvore quis converter o banco em um instrumento pedagógico a serviço de um discurso difuso, de ordem ecológica. Trata-se, de fato, de incitar os transeuntes a retomarem contato com a natureza, a não considerarem os bancos apenas como objetos utilitários, mas como madeira, e mesmo como uma espécie de madeira dotada de propriedades específicas. A maneira como a inscrição foi efetuada mostra, aliás, a rejeição do mundo industrial: as letras mal alinhadas e grosseiramente escavadas, bem diferentes das etiquetas padronizadas de metal.

O banco se apresenta como um tronco de árvore, e seu encosto é uma prancha serrada de modo tosco. A inscrição do termo "ROBINIER" (acácia) tem por função justificar essa aparente negligência, mostrar que esse não é um banco imperfeito, fabricado às pressas, mas a expressão de uma intenção baseada em uma ética. Assim, o gestor do parque, no caso, a Prefeitura de Paris — na qual os políticos ecologistas eleitos exercem papéis de primeiro plano —, mostra o *ethos* de uma equipe municipal ciosa por fazer os cidadãos tomarem consciência da importância da causa ambiental.

No caso desse banco, espera-se que o transeunte acrescente a sua categorização de banco uma nova propriedade, a de um fragmento da natureza, o que modifica profundamente a maneira de apreendê-lo. Mas o enunciado aderente só pode servir para reforçar uma categorização prévia. No muro na entrada da fortaleza de Brouage, no sudeste da França, edificada por Richelieu[1] e aperfeiçoada por Vauban[2], está fixada uma placa: VIAJANTE / PARA AQUI / PORQUE O SOLO QUE TU / PISAS E O AR / QUE TU RESPIRAS / ESTÃO IMPREGNADOS / DA GLÓRIA E / DA GRANDEZA / PASSADAS.

Não é apenas esse muro em particular que é o suporte do enunciado aderente, mas o conjunto do sítio turístico: o enunciado aderente é englobado por seu suporte. Dado que a fortaleza de Brouage é isolada entre os pântanos — logo, não se pode passar por ela para ir a outro lugar —, os que são levados a ler essa placa aí chegaram com conhecimento de causa; em outras palavras, engajaram-se numa visita de caráter turístico. A presença de um enunciado aderente desse tipo não surpreende. Em várias cidades antigas, encontram-se em diversos edifícios letreiros que informam sua identidade ("Antiga casa de X", "Antigo colégio de

[1] Nascido em 1585 e falecido em 1642, foi o principal ministro do rei Luís XIII e um dos promotores do Estado moderno, fundado na administração e na centralização.

[2] O mais célebre engenheiro militar de Luís XIV (1633-1707).

Y "...) e fornecem ensinamentos históricos. Mas a inscrição no parque de Broauge tem a particularidade de não fornecer informações de natureza enciclopédica. Ela visa, antes de tudo, a reforçar no visitante a ideia de que ele se encontra em um lugar turístico, especial, num monumento memorável; em suma, trata-se de confirmar nele a ideia de que fez muito bem em ir àquele lugar.

Assim como para o termo "ACÁCIA" inscrito no banco, a materialidade do enunciado aderente e a maneira como ele mobiliza a língua estão em harmonia com o objetivo que justifica sua presença. A inscrição grosseira na madeira está de acordo com um uso elementar da língua: um simples substantivo, sem determinante, estando a linguagem reduzida a uma função de denominação, alheia a qualquer interação. Por sua vez, a matéria e a forma da placa de Brouage estão em harmonia com a longa frase dirigida aos visitantes: em letras maiúsculas gravadas na pedra, ela ostenta seu caráter retórico. O erudito pode, sem dificuldade, aliás, encontrar nela uma fórmula do epitáfio antigo ("sta viator..."), dedicado à glória dos heróis mortos, abundantemente utilizado nos monumentos funerários[3]. Mesmo que ignore completamente essa fórmula, o leitor não pode senão impressionar-se com a distância entre a cenografia arcaizante que a enunciação institui e o contexto no qual a leitura se inscreve: o turista banal se vê interpelado como "viajante" por uma voz anônima e solene que transcende a situação imediata. Estabelece-se facilmente a relação entre o caráter fortemente retórico da enunciação e o fato de Brouage estar vinculada ao século de Luís XIV, talvez mesmo a sua pessoa: lá foi exilada Marie Mancini[4], quando o jovem rei estava apaixonado por ela. Essa placa é redigida em francês, mas imita o estilo do francês do século XVII e reativa uma fórmula latina antiga, ela própria inspirada em uma fórmula grega. É pois um enunciado aderente carregado de história a valorizar um lugar igualmente carregado de história.

Essa frase muito retórica contrasta fortemente com o enunciado abaixo, cujo papel auxiliar se traduz pelo recurso a maiúsculas de tamanho nitidamente mais reduzido:

VISITAS GUIADAS À
PRAÇA FORTE DE BROUAGE
INFORMAÇÕES NO
ATENDIMENTO AO TURISTA
SITUADO EM FRENTE À IGREJA

A justaposição dos dois enunciados permite estabelecer entre a placa e a instituição que a gera uma relação implícita, a de um argumento em favor de uma decisão: SE o lugar é carregado de história, ENTÃO convém conhecê-lo, e o serviço de turismo local pode ajudar nisso.

O acréscimo de "*acácia*" ou da inscrição da placa de Brouage exemplificam o que temos chamado de paradoxo constitutivo dos enunciados aderentes. Eles vêm ostensivamente acrescentar-se a objetos que parecem não precisar deles, mas sua própria existência pressupõe que eles são necessários, que vêm preencher uma falta. Essa falta é a distância entre o fato e o direi-

[3] O exemplo mais célebre é o epitáfio dos guerreiros espartanos mortos nas Termópilas: "Passante, aos espartanos dizei, que aqui jazemos, em obediência à lei".

[4] Marie Mancini (1639-1715) era sobrinha do primeiro-ministro Mazarin, que a a exilou em 1659 em Brouage para evitar que sua relação com o rei ameaçasse os projetos de casamento entre Luís XIV e a infanta Maria Teresa da Áustria.

to, a aparência enganadora e a realidade. Longe de serem acréscimos, eles reparam o mundo. No caso do banco, o enunciado aderente faz reaparecer a natureza além do artefato; no caso da cidadela, restabelece a grandeza da história esquecida por trás da trivialidade do presente imediato.

A recusa do acontecimento

Quando se evoca o poder que a palavra tem de agir no mundo, é a performatividade teorizada por J. L. Austin (1962) que logo vem à mente, a propriedade de certas enunciações proferidas em determinadas circunstâncias realizarem o que enunciam, de fazerem acontecer uma realidade nova. O mais comum é serem elas atos institucionais associados a fórmulas convencionais: são, por exemplo, as fórmulas ditas pelo padre ou pelo juiz que operam a passagem do estatuto de solteiro ou solteira ao de esposo ou esposa. Pode tratar-se também de enunciações fundadoras de um rito, como as frases de Cristo depois da Ceia — "Este é meu corpo", "Este é meu sangue" —, pelas quais se opera aos olhos de seus discípulos a transformação do pão em seu corpo e do vinho em seu sangue.

A instituição da Eucaristia precede um pouco a evocação de um enunciado aderente, o único, aliás, mencionado nos evangelhos, o "*titulus crucis*", isto é, o letreiro pregado na cruz de Cristo. Ele figura nas representações da crucificação na forma de seu acrônimo latino I.N.R.I: *Iesvs Nazarenvs Rex Ivdæorvm* ("Jesus Nazareno, o Rei dos Judeus"). Os quatro evangelistas propõem versões ligeiramente diferentes desse título, mas João é o único a contar um episódio de interesse quando se reflete sobre os enunciados aderentes:

> Pilatos redigira um letreiro que mandou afixar na cruz. Ele trazia esta inscrição: "Jesus Nazareno, o Rei dos Judeus". Muitos judeus leram esse letreiro, porque o lugar onde Jesus tinha sido crucificado era próximo da cidade; e o texto estava escrito em hebraico, latim e grego. Então os sumos sacerdotes dos judeus disseram a Pilatos: "Não escrevas 'o Rei dos Judeus', mas sim 'Esse indivíduo disse: Sou o Rei dos Judeus'". Pilatos respondeu: "O que escrevi, escrevi" (João 19,19-22).

O "*titulus*", como seu nome indica, tem por função indicar por qual razão houve a condenação; em outras palavras, transformar a violência em manifestação da justiça; o supliciado, em condenado. Na medida em que, se cremos nos Evangelhos, a condenação de Jesus resulta de uma negociação entre a autoridade romana e as autoridades religiosas judaicas, a fórmula do "*titulus*" torna-se uma questão: será redigida segundo as categorias de uma das partes ou segundo as de outra? Quem, através do letreiro, vai se apropriar do crucificado, mostrar que é o senhor? A narrativa de João apresentara um Pilatos forçado pelos sumos sacerdotes a condenar um homem que ele julgava, de sua perspectiva, inocente. Se não é o senhor da condenação, ele será o senhor do letreiro.

A condenação é, por natureza, um acontecimento, um ato institucional proferido em circunstâncias apropriadas por uma autoridade competente e que intervém no final de um processo. Um enunciado aderente, em compensação, não é da ordem do acontecimento. Ele está lá, incorporado a seu suporte. O olhar dos passantes abrange, ao mesmo tempo, o condenado e o letreiro que legitima quem está na cruz. Enquanto o "Este é meu corpo" da Ceia se instala como ato fundador ("Fareis isso em memória de mim", diz o Cristo do Evangelho), o letreiro apaga as operações que o tornaram possível. Idealmente, ele compõe uma unidade com seu suporte. A eficácia dos enunciados aderentes decorre do contraste entre o fato de se fundirem de alguma forma com a paisagem e a importância dos efeitos que sua presença produz, ao inscrever o suporte em novas redes de sentido, de usos e de instituições. Sem dúvida, a aposição de alguns enunciados aderentes pode dar lugar a atos solenes: por exemplo, a inauguração de uma placa em uma casa em que nasceu uma pessoa ilustre. Mas esse enunciado aderente não é verdadeiramente enunciado aderente a não ser depois de terminada a cerimônia, quando ele adere à casa, constitui uma unidade com ela por um período indeterminado. Em regra geral, o enunciado aderente aparece em silêncio, consequência de decisões anônimas. Sempre se podem pesquisar enunciados aderentes inaugurais (onde, quando e por quem foi colocado tal tipo de rótulo em um produto pela primeira vez?), mas é a repetição desse ato que fez dele um enunciado aderente, uma prática inscrita em certo setor da sociedade e que contribui para fazer desse setor o que ele é.

Uma dupla sustentação

Por meio de alguns exemplos, vê-se aparecerem as condições necessárias para a existência dos enunciados aderentes.

A totalidade que eles formam com seus suportes deve se integrar a atividades socialmente reconhecidas, que fixam seu uso e os tipos de atores que tal uso implica. Todo enunciado aderente supõe leitores-modelo que, pelo papel que exercem em uma atividade determinada, estão interessados em lê-lo, e em lê-lo de certa maneira. Imagina-se que os brasões, as iniciais ou os nomes gravados de maneira bem visível nos garfos ou nas colheres, as iniciais de um serviço de baixela merecem a atenção dos convivas durante a refeição. Mas esse não é o caso das marcas minúsculas gravadas em lugares discretos no garfo ou na colher: não se considera que digam respeito aos convidados, mas aos comerciantes, compradores ou especialistas. O mesmo suporte pode, então, receber enunciados decorrentes de atividades diferentes. Em um rótulo de suco de frutas, certas sequências participam da atividade de compra, outras da logística, outras do controle sanitário ou fiscal, e, consequentemente, todas elas selecionam seus leitores-modelo. O número do lote não diz respeito aos compradores, enquanto a menção aos ingredientes de um produto é interpretável, ao mesmo tempo, pelos compradores e pelos especialistas, quer se trate de agentes da inspeção sanitária ou de associações de consumidores. Mas nunca se trata da mesma leitura, conforme ela seja feita por um consumidor comum ou por um especialista.

Um enunciado aderente implica, além disso, uma dupla sustentação: "Ideológica" e "institucional". Uma sustentação ideológica, porque sua presença deve, de maneira mais ou menos imediata, ser legitimada por uma doxa, por sua vez nutrida por diversos discursos. Uma sustentação institucional também, porque cabe às organizações decidir colocar enunciados aderentes nesse ou naquele suporte, concebê-los, fixá-los, administrá-los.

A sustentação ideológica de "ACÁCIA" mobiliza a doxa que impõe preservar o meio ambiente, renovar o contato com a natureza, ameaçada pela sociedade industrial. Quanto a sua sustentação institucional, ela implica o departamento da Prefeitura de Paris que administra o Parque de Vincennes. Por sua vez, a placa no muro da fortaleza de Brouage adquire sentido no quadro de uma atividade, a visita aos monumentos históricos, em um mundo em que o turismo de massa se desenvolve. A sustentação ideológica passa por uma doxa que prescreve preservar e valorizar o patrimônio histórico, enquanto a sustentação institucional pode implicar diversos organismos encarregados do turismo: no nível do município, do coletivo de municípios, do departamento, da região, do Estado. A concepção dessa placa, a redação do enunciado, a fixação no muro e a manutenção não podem ser feitas sem a intervenção de uma ou de várias dessas organizações.

Para se poder inscrever um enunciado aderente como "Fumar mata" em maços de cigarro ou o número do matadouro em cada bandeja de carne, deve ser comumente aceito que o Estado tem por missão velar pela saúde da população e deve pôr em funcionamento as instituições correspondentes. Esse controle dos poderes públicos sobre a carne ou o fumo apoia-se, por sua vez, na autoridade de um saber médico. O enunciado "Fumar mata" em um maço de cigarros confronta os interesses dos fabricantes e dos comerciantes de tabaco, mas é difícil se opor a ele a partir do momento em que a opinião pública considera indiscutível o que a ciência atesta: o fumo provoca câncer, e o Estado tem por missão proteger a saúde dos consumidores.

Na França, desde o mês de julho de 2016, os proprietários de carros são obrigados a colar no para-brisa um adesivo redondo, bem visível, com a "Vignette Crit'Air", que indica o índice de poluição. O *site* oficial associado a esse adesivo justifica a existência desse novo enunciado aderente com base na doxa segundo a qual é preciso "lutar contra a poluição". Ora, o tráfego nas estradas é uma de suas principais causas:

> Graças ao adesivo Crit'Air, os motoristas são encorajados a optar por carros *menos poluentes*. O adesivo Crit'Air permite *diminuir o número de carros poluidores* em circulação e *minimizar os riscos ligados à poluição* aos quais os indivíduos estão expostos. Na França, *o transporte rodoviário é um dos principais fatores responsáveis pela poluição atmosférica*. O adesivo Crit'Air ajuda assim a *lutar contra a poluição* atmosférica[5].

Esse texto não constitui uma argumentação, um desenvolvimento textual articulado por marcadores de coesão, mas uma sucessão de frases generalizantes que poderiam ser dispostas em qualquer ordem. Se, por exemplo, a ordem de suas frases fosse totalmente invertida, isso não mudaria grande coisa:

> O adesivo Crit'Air ajuda assim a *lutar contra a poluição* atmosférica. Na França, *o transporte rodoviário é um dos principais fatores responsáveis pela*

[5] Disponível em: https://bit.ly/3BkgmLE; acesso em: 10 jun. 2020. Os itálicos estão no texto original.

poluição atmosférica. O adesivo Crit'Air permite *diminuir o número de carros poluidores* em circulação e *minimizar os riscos ligados à poluição* aos quais os indivíduos estão expostos. Graças ao adesivo Crit'Air, os motoristas são encorajados a optar por carros *menos poluentes*.

Evidentemente, o texto não pretende persuadir um auditório de uma tese cuja validade é contestada, mas acumula asserções generalizantes cujo enunciador é um "sujeito indeterminado" que sustenta certa doxa. De fato, a contestação desse novo adesivo foi relativamente fraca: opor-se a ele significa contestar uma doxa que se tornou hegemônica.

Esse não era o caso do adesivo para carros criado em 1956, que não se apoiava em uma doxa tão sólida. Originalmente destinado a um "Fundo Nacional de Solidariedade" para pessoas idosas, foi rapidamente transformado em um imposto puro e simples e acabou por ser suprimido em 2000. Pode-se contestar a legitimidade de um imposto, mas dificilmente a necessidade de lutar contra a poluição. Dado que a legitimidade de um enunciado aderente depende, em grande medida, da adesão da comunidade em questão aos discursos que dão base a sua existência, basta a doxa mudar para que determinados enunciados aderentes caiam em desuso. A prática que consistia em colocar no peito dos bons alunos medalhas com a inscrição "Honra ao mérito" desapareceu progressivamente depois da Segunda Guerra Mundial. A ideia de que era necessário distinguir e valorizar os alunos "merecedores" foi marginalizada em prol de uma nova doxa: o imperativo da democratização do ensino.

A maior parte dos enunciados aderentes se impõe ou desaparece sem levantar debates. Mas alguns podem dar lugar a fortes tensões, se estiverem relacionados a domínios ideologicamente sensíveis ou a conflitos de poder. O debate pode recair sobre a própria existência do enunciado aderente, sua categoria, seu conteúdo ou suas características materiais (localização, tamanho, forma...).

Isso é particularmente evidente em relação aos enunciados aderentes afixados nos produtos alimentícios que são objeto de conflitos entre as associações de consumidores, os poderes públicos, os produtores, os diversos intermediários, os comerciantes. Um dos pontos controversos é o tamanho das informações sanitárias e sua localização nos produtos alimentícios: em geral, elas vêm escritas no verso e em letras pequenas, enquanto os enunciados que valorizam a marca e o produto ganham todo o destaque. Mas essa solução de compromisso entre interesses contraditórios não é aceita no caso do fumo: são os enunciados aderentes "Pare de fumar", "Este produto causa câncer" ou "Este produto causa perda do bebê ou parto prematuro" que são os mais visíveis. Não se pode excluir que essa prática se estenda a outras categorias de produtos, por menos que a ideia de uma luta contra essa ou aquela patologia se imponha à opinião pública pela convergência de discursos políticos e médicos.

Mas, a despeito de ser hegemônico, um discurso não tem incidência sobre os enunciados aderentes, a não ser que eles sejam assumidos por organizações que regulam práticas e legitimam agentes. Essa sustentação institucional se manifesta em particular por meio de gêneros de textos de natureza regulamentadora: um conjunto de leis, de proibições, de decretos, de recomendações... editados, segundo o caso, por diversas instâncias internacionais, nacionais, locais. Isso é particularmente visível para suportes como os automóveis, os uniformes das forças da ordem ou os produtos alimentícios, que, por uma ou outra razão, engajam fortemente a responsabilidade dos poderes públicos. Esses textos regulamentadores podem incidir sobre o caráter obrigatório ou não dos enunciados aderentes, sua materialidade (sua forma, seu tamanho, o local onde se exige que sejam expostos etc.), o tipo de ator habilitado a concebê-los, fabricá-los, instalá-los ou controlá-los.

Na realidade, assim que se sai de alguns setores privilegiados, os textos regulamentadores especificam somente uma parte das normas às quais os enunciados aderentes estão submetidos. As placas afixadas ao lado das peças expostas nos museus não são regulamentadas por textos legais. São o produto de convenções adotadas por profissionais desse setor e que, tornadas rotinas, suscitam expectativas por parte dos usuários. Ocorre com os enunciados aderentes o que ocorre com os gêneros de discurso: quando seus usos se estabilizam, eles se convertem em normas. O visitante que entrasse num museu e não visse legendas ou não encontrasse as informações que tem o hábito de encontrar se sentiria no direito de protestar. No que diz respeito, por exemplo, aos enunciados aderentes inscritos nos uniformes dos funcionários, a Consolidação das Leis do Trabalho impõe certos limites, mas há também usos em diversas profissões que acabam ocupando o espaço deixado indeterminado. Em geral, essa estabilização se opera porque se chegou a um equilíbrio relativo entre os interesses dos diversos atores envolvidos. Mas esse equilíbrio pode ser posto em questão, mesmo por uma pequena modificação na sustentação ideológica ou na sustentação institucional.

A parte do que é juridicamente imposto e do que é rotineiro varia naturalmente conforme os tipos de enunciados aderentes considerados. Para aqueles afetos à segurança, por exemplo, a parte jurídica é predominante. Um letreiro banal como "Saída de emergência" exposto em um local de trabalho é submetido a uma regulamentação extremamente complexa que especifica que ele deve ser afixado na proximidade dos espaços "desimpedidos" e exibido em cima de uma porta. Se o espaço não for suficiente, pode-se colocar o letreiro em cima da porta do lado oposto às dobradiças, de forma que os empregados que evacuam o local possam vê-lo mesmo com a porta aberta. A forma do letreiro, seu conteúdo, sua cor (o verde é reservado à segurança, o vermelho às proibições e aos perigos etc.) são também cuidadosamente definidos, assim como sua iluminação: ele deve ser alimentado por uma fonte de eletricidade autônoma que permita às pessoas se orientarem em caso de interrupção da energia elétrica. A Consolidação das Leis do Trabalho especifica, além disso, que "a concepção, a execução e as condições de exploração e de manutenção dessa iluminação, bem como os locais que podem ser dispensados em razão de sua superfície frágil ou de sua pouca frequentação são definidos por um acordo de ministros encarregados do trabalho e da agricultura"[6].

Os enunciados aderentes participam, assim, de dois espaços ao mesmo tempo: um imediato e delimitado, o outro, aberto. O espaço imediato é o de seu suporte e, além dele, o do ambiente no qual ele se insere: a rua, onde é fixada a placa que indica o nome dela, a loja na qual figura um letreiro como "Saída de emergência", o parque no qual se encontra o banco... nos lugares onde diversas práticas podem ser desenvolvidas (orientar-se numa aglomeração, fazer compras, passear...). O espaço aberto é de ordem ao mesmo tempo institucional e ideológica: de um lado, os enunciados aderentes se sustentam em um interdiscurso de contornos indeterminados e em permanente evolução; de outro, eles ligam seus suportes a uma rede de instituições mais ou menos vasta e mais ou menos densa.

[6] Disponível em: https://bit.ly/3LjU0yz; acesso em: 15 set. 2022.

Capítulo 3

O acesso aos enunciados aderentes

Uma forma ou muitas?

Quando fixados diretamente em seus suportes, os enunciados aderentes formam um todo com eles. Mas esse "todo" é uma noção que pode se prestar a equívoco. Pode significar simplesmente que eles constituem um só objeto: as etiquetas em uma maçã ou uma inscrição no frontispício de um monumento fazem parte da maçã e do monumento. Mas isso também pode significar que o enunciado aderente tende a se integrar visualmente a seu suporte, a fundir-se de alguma forma com ele. Se a etiqueta em uma maçã é pequena e tem uma forma e cor harmônicas com o suporte, pode-se pensar que a intenção subjacente é a de que a etiqueta celebre a fruta, que constitua uma unidade com ela. Por outro lado, se o que é sublinhado é a heterogeneidade entre o enunciado aderente e seu suporte, somos levados a perceber não uma forma, mas duas. Uma grande etiqueta vermelha colada em um móvel aparece com uma forma claramente distinta de seu suporte.

Em uma perspectiva gestaltista, convém considerar os suportes e seus enunciados aderentes não de maneira atomista, mas como conjuntos estruturados em relação aos quais o campo perceptivo se organiza diferenciando um "fundo" e uma "figura". O fundo é relegado a segundo plano; amorfo ou mal definido, ele é aquilo sobre que se destacam as figuras, que têm contornos e uma organização. A inscrição em grandes caracteres no frontispício de um monumento é uma figura, da qual o edifício suporte é o fundo. Mas essa figura é concebida para poder igualmente integrar-se harmoniosamente ao conjunto e perder assim seu estatuto de figura. Tudo depende de o enunciado aderente ser apreendido por si mesmo ou como parte do todo constituído pelo monumento. A pichação "Assassinos!" no muro de uma embaixada, por outro lado, é concebida para ser uma figura, para aparecer de forma distinta. Ocorre a mesma coisa com "Poluidor!", pintado na casa de um industrial da química. Mas é em nome das mesmas preocupações ecologistas que se inscreve o nome "Acácia" em um banco do Parque de Vincennes, para que ele constitua uma unidade com seu suporte, se incorpore a ele, assim como esse banco, próximo do tronco de árvore da qual saiu, deve incorporar-se à natureza da qual provém.

No tocante à relação entre fundo e figura, as embalagens têm um estatuto particular, já que os enunciados aderentes não são inscritos nos produtos propriamente ditos, mas em suporte mediador concebido para o produto em seu interior. Falo aqui das embalagens que derivam do *packaging*, e não das simples caixas de papelão que embrulham as mercadorias durante seu transporte. Sem dúvida, para serem legíveis, esses enunciados aderentes devem constituir uma figura que se destaca contra um fundo, mas eles são integrados a um objeto esteticamente coerente, uma embalagem que resulta de uma negociação entre a natureza do produto embalado, as restrições do *marketing* — em particular a gestão da imagem da marca do fabricante —, o conteúdo dos diversos tipos de enunciados aderentes a serem inscritos e a forma da embalagem: um cilindro não tem uma face privilegiada, enquanto um paralelepípedo retangular apresenta seis faces.

Analisemos, por exemplo, o frasco vendido como uma "solução para lentes", um líquido destinado à limpeza das lentes de contato.

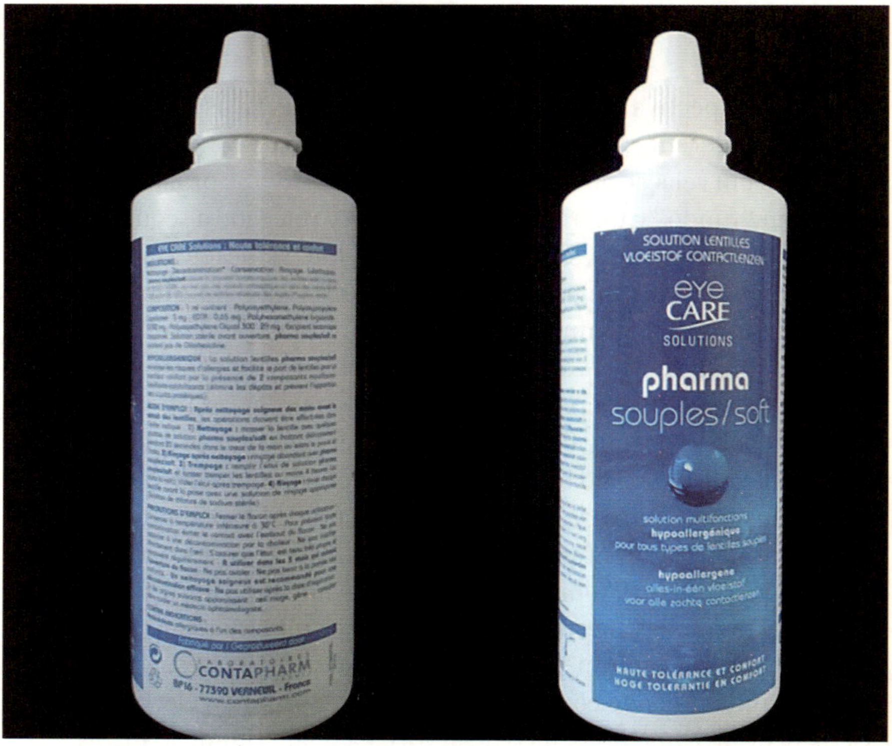

Os idealizadores do frasco elaboraram um objeto que apresenta uma unidade graças ao uso exclusivo do azul e do branco, cores que, no imaginário, são tradicionalmente associadas à pureza e à limpeza. São, além disso, cores características de um conjunto de produtos da marca. Mas, em um segundo nível, emerge uma distinção entre duas grandes áreas claramente hierarquizadas. O fundo branco é coberto por enunciados em azul, enquanto a área destacada, que se apresenta como uma faixa estreita que cobre cerca de um quarto da superfície, mostra um fundo azul contra o qual se destacam enunciados em branco. Essa oposição é reforçada pelo tamanho dos caracteres, maiores na área azul, e sua distribuição no espaço: os enunciados da área azul são unidades bem legíveis, curtas e separadas umas das outras, já os do fundo são blocos compactos só decifráveis pela aproximação do frasco aos olhos. Esse contraste permite distinguir dois tipos de informação: aqueles que os idealizadores da embalagem consideram capazes de convencer os consumidores e os que decorrem de outro registro (instruções de uso, composição do produto, cuidados no uso etc.), o que Possenti (2009: 45) resume assim:

> Se considerarmos o tamanho da letra nos diversos espaços da embalagem e analisarmos o que se diz em letras grandes e o que se diz em letras pequenas, saberemos o que o produtor quer que o leitor leia (ou quase não possa não ler, pois as letras grandes são como gritos) e aquilo que o leitor pode deixar de ler (e quanto menos ele o fizer, melhor para a empresa).

A hierarquia entre legível e pouco legível tornou-se uma norma tácita no domínio do *packaging*. Ela, sem dúvida, se impôs por constituir um compromisso entre interesses contraditórios. Como sublinha Possenti, de todo modo, existe uma assimetria entre a diversidade dos responsáveis pelos enunciados selecionados para figurar na embalagem e a unicidade do responsável pela embalagem:

> As informações sobre composição vêm do pessoal da química, as que se referem ao endereço e a outros elementos de identificação legal, do departamento jurídico; trechos como "experimente" etc. e a decisão sobre tamanhos e cores das letras e a disposição dos textos pela superfície da embalagem são do pessoal da publicidade. (...) O que importa é que as informações, embora vindas de lugares diferentes, são organizadas em determinado espaço gráfico e dispostas segundo critérios de legibilidade e de relevância decididos pela empresa (Possenti, 2009: 49).

Mas trata-se de um compromisso precário: a qualquer momento, os poderes públicos podem questionar essa hierarquia de acesso aos enunciados, como aconteceu com os maços de cigarro. Por seu lugar, tamanho, cor e forma, enunciados aderentes como "Fumar mata" ou "Fumar causa câncer" constituem "figuras" que transformam em "fundo" amorfo o resto do maço, no qual se encontram os enunciados aderentes com objetivo comercial. Transgredindo assim ostensivamente as regras mais elementares do *marketing*, os responsáveis pela política de saúde pretendem mostrar que o fumo não é uma mercadoria comum, que o enunciado aderente não deve se integrar ao maço tanto quanto fumar não deve se integrar harmoniosamente à vida cotidiana. O resultado lógico dessa atitude é o pacote neutro no qual o nome da marca, redigido com uma tipografia padrão, é o único elemento que permite diferenciar os produtos. Mas, paradoxalmente, encontra-se uma situação de integração visual, já que se estabelece uma nova harmonia entre o enunciado aderente e seu suporte: a embalagem é concebida segundo as regras do *packaging*, para promover uma não venda do produto. É, pois, em outro nível que se manifesta a rejeição ao fumo: os maços neutros se destacam em um universo em que as marcas se esforçam para diferenciar seus produtos fortalecendo sua identidade visual.

Como regra geral, a recusa de integrar, a vontade de fazer aparecer duas formas bem distintas decorre da função do enunciado aderente. É o caso de uma pichação militante como "Poluidor!", é também o caso de um cartaz que indica que um andar é perigoso ou de letreiros como "SAÍDA DE EMERGÊNCIA" em um estabelecimento escolar. Devem constituir figuras, não se dissolverem no fundo.

Pode-se dizer a mesma coisa deste cartazete colado na parede branca de banheiros de uma universidade brasileira.

Encontram-se aqui o azul e o branco associados à pureza e à limpeza. O cartazete retangular adesivo está fixado de modo a contrastar com o suporte: seus contornos azuis se destacam contra o fundo constituído pela parede de cerâmica, cujos azulejos têm o alinhamento rompido. Tanto quanto no caso das embalagens, no interior desses contornos azuis, os enunciados são submetidos a outra hierarquia: no alto, a área mais saliente é uma faixa azul na qual se destaca um enunciado em grandes caracteres brancos ("HIGIENE"); no meio, duas linhas horizontais azuis fazem destacar-se um enunciado menor em azul sobre fundo branco: "Este banheiro também é seu"; embaixo, há três enunciados prescritivos de tamanho mais reduzido e em caracteres pretos. Mas essa passagem do azul ao preto tem por efeito tornar possível outro percurso de leitura, que destaca os enunciados em preto e relega ao fundo os enunciados em azul. Enquanto no frasco de "solução para lentes" o destaque impunha um só percurso ao olhar, tornando pouco legíveis os enunciados de menor interesse para o fabricante, aqui a área à primeira vista menos destacada pode se tornar o grande destaque. Essa divergência se explica facilmente pela natureza dos enunciados aderentes em questão. No cartazete nos banheiros, os enunciados breves e no modo imperativo mostram o *ethos* do enunciador prescritivo, que não se preocupa em preservar a face positiva do destinatário, como é habitualmente o caso nas interações verbais. Sublinhando assim duplamente ser um corpo estranho, o cartazete lembra imperiosamente a norma: num mundo em que os indivíduos se comportassem normalmente, não haveria necessidade de colar esse adesivo dessa maneira nesse ambiente.

Esse tipo de situação, em que se ordena aos leitores dos enunciados aderentes que resistam à facilidade, difere nitidamente das placas de nomes de rua ou dos letreiros que indicam saídas de emergência. Esses enunciados aderentes também devem destacar-se contra o fundo, mas é porque devem ajudar os transeuntes a encontrarem seu caminho ou os ocupantes de um andar a fugirem em caso de incêndio. Diferentemente de "Fumar mata" em um maço de cigarros ou do aviso nos banheiros, não se considera que eles rompem brutalmente uma harmonia visual em nome de um Bem de ordem superior, de um mundo melhor. Requer-se deles que sejam visíveis quando circunstâncias excepcionais o exigem, mas não que formem figuras que releguem o ambiente ao fundo. Além disso, os usuários acabam por considerar que os letreiros luminosos "Saída de emergência" são componentes estereotipados de certos lugares. Essa rotinização pode estender-se aos enunciados aderentes que visam lembrar a ordem: no fim de algum tempo, "Fumar mata" torna-se um componente de qualquer maço de cigarros. O que leva os poderes públicos a encontrarem meios para lutar contra a integração visual dos enunciados aderentes causadora da insensibilidade.

As pinturas

A distinção entre os enunciados aderentes fixados diretamente em seu suporte e os que passam por embalagens mediadoras não é pertinente quando se trata de um dispositivo de enquadramento: a moldura que cerca uma pintura não é uma embalagem.

Já evoquei a placa posta ao lado de uma pintura de Fanny Fleury no Museu de Sète. No mesmo museu, o visitante pode contemplar um quadro de Joseph Noël Sylvestre intitulado "O saque de Roma pelos vândalos", que constitui o suporte de enunciados aderentes de dois diferentes tipos. O primeiro, fixado na parede[1], é a placa bicolor cujas características especificamos. Além das legendas usuais (o nome do pintor, as datas e lugares de nascimento e morte, o título da obra, sua data, a técnica utilizada, o tamanho do quadro), ela dá uma informação sobre a moldura: "Restauração da moldura financiada pelos Amigos do Museu Paul Valéry". Na parte inferior desse quadro se encontra um segundo enunciado aderente, gravado em uma plaqueta de cobre oval:

SYLVESTRE
O saque de Roma pelos vândalos doado por XXX

A presença dessa plaqueta de cobre não tem nada de espantoso. Antes de recorrer às placas dispostas ao lado das pinturas, havia o costume de

[1] Fotos tiradas em 14 de fevereiro de 2020.

escrever no quadro o nome do artista e o título da obra. A integração estética desses enunciados aderentes era fonte de perplexidade, porque *a priori* eles eram apreendidos simultaneamente em duas relações: com a moldura e com a pintura.

A solução mais simples consistia em não se preocupar com a integração do enunciado aderente à moldura. Os museus tinham a opção de atribuir uma moldura padronizada, independentemente dos estilos e das épocas, ou a de se esmerarem em escolher molduras em harmonia com a estética de cada obra exposta. Na prática, a solução que prevaleceu foi, quando possível, combinar as duas estratégias. Para o quadro de Joseph Noël Sylvestre, a moldura preta com borda dourada é compatível com a cena representada, o estilo e a época da pintura.

Com a generalização das placas exibidas ao lado dos quadros, as molduras antigas e seus enunciados aderentes mudam de estatuto: tornam-se vestígios de um passado sobre os quais se pode lançar um olhar histórico. É, aliás, o que dá entender a legenda contígua à obra de Sylvestre: transformada em uma espécie de relíquia, a moldura e sua plaqueta puderam tornar-se objeto de uma restauração financiada por benfeitores do museu. Desinvestindo assim de sua função prática a moldura e o enunciado aderente anteriores, modifica-se a natureza do objeto exposto: o que a placa moderna comenta não é mais apenas uma pintura de Noël Sylvestre, mas essa pintura tal como foi mostrada no passado.

Esses dois tipos de enunciados aderentes, a plaqueta de cobre na moldura e a placa na parede, implicam duas concepções distintas da apresentação das pinturas nos museus.

A primeira, inclinada a decorrer de um universo passado, é bem ilustrada por esse "Saque de Roma pelos vândalos": o enunciado aderente só serve para identificar o quadro e deve harmonizar-se com a moldura que, por sua vez, deve harmonizar-se com a pintura que ela envolve. Se o visitante quer dispor de informações mais detalhadas, precisa recorrer a textos escritos (guias, catálogos, folhetos, brochuras) ou à mediação dos guias profissionais.

O segundo modo de apresentação delega a um enunciado aderente padronizado, exterior ao quadro, a tarefa de dar informações mais detalhadas. Separado do quadro, redigido em um papel enfiado em um estojo plástico padronizado, a legenda contemporânea assume seu caráter auxiliar e didático. Se a plaqueta é concebida para durar indefinidamente, como o quadro no qual é fixada, as informações escritas na legenda não se apresentam como revisáveis a todo momento. A plaqueta de cobre só dava as informações "nobres", as que asseguram a identidade da obra, enquanto a placa moderna também fornece informações de ordem histórica e técnica. Desse modo, nenhuma contaminação estética é possível entre o enunciado aderente e a pintura, já que o mesmo tipo de ficha é utilizado indiferentemente para todos os objetos expostos no museu.

A integração visual do enunciado aderente a seu suporte não se opera somente no nível do ambiente imediato. Ela implica igualmente a sala em que o quadro está exposto. A plaqueta de cobre estava em harmonia com as salas dos museus tradicionais, grandes salões pintados em cores quentes nos quais se expunham as coleções. A placa moderna, sóbria e funcional, inscreve-se em uma sala de museu concebida como um espaço despido e luminoso, destinado a iluminar as obras, nos dois sentidos da palavra: dar-lhes a maior visibilidade e transmitir um saber sobre elas.

Visibilidade, legibilidade

A placa disposta ao lado do quadro, a despeito de hierarquizar os enunciados, dar mais destaque a uns do que a outros, não impede que todos sejam facilmente legíveis. A legibilidade depende do tamanho dos caracteres e da maneira como os enunciados aderentes se destacam do fundo, mas também de ações que se deve realizar para estar em situação de lê-los. Em nossa "solução para lentes" azul e branca, para ler os enunciados relegados ao pano de fundo é preciso virar o frasco e aproximá-lo dos olhos. Para decifrar marcas na prataria, é até necessário, às vezes, recorrer a uma lupa. E o que dizer das tatuagens? M.-A. Paveau (2009) distingue:

(a) as que são escondidas pelas roupas e só são descobertas com a nudez da(s) parte(s) tatuada(s);
(b) as que estão no interior do corpo, particularmente na boca;
(c) por fim, as que estão escondidas aos olhos do tatuado, mas são visíveis aos olhares dos outros.

Consideremos este pequeno busto de gesso (22 x 12 cm):

Quando de frente, como é a regra para esse tipo de objeto, nenhum enunciado aderente é visível. Somente virando-o se vê aparecer o nome do escultor e a data da criação: "Ferrand / 1877".

Essa estatueta foi feita por encomenda da família da pessoa representada. É ela que deve ser valorizada. O nome do escultor não deve ter destaque na face anterior, a que se oferece ao olhar. Em compensação, ele está registrado na face posterior: o artista pretende lembrar que a estatueta é uma criação pessoal e produto de um trabalho que supõe uma remuneração. É, aliás, do interesse do cliente que haja uma assinatura. Ela confere valor ao objeto, por menos renomado que seja o artista, e permitirá aos amigos constatar que a família que encomendou o busto o delegou a um artista competente. A assinatura ainda permitirá eventualmente que um especialista inclua a peça no conjunto da obra de Ernest Justin Ferrand (1846-1932), nome de prestígio no mercado de arte.

Ao evocar a figura do especialista, seja para uma gravação na prataria ou numa escultura, complexifica-se um pouco a noção de legibilidade, que pode ser entendida de duas maneiras:

(1) Como um simples problema de percepção: um enunciado escrito em caracteres muito pequenos ou meio apagados será comumente qualificado de "ilegível". É essa a acepção evocada acima.

(2) Como um problema de inteligibilidade: eu posso ler "Ferrand / 1877" sem compreender o que isso significa, por falta de conhecimentos enciclopédicos adequados. Posso igualmente entender que se trata do nome do artista e da data de fabricação, mas desconhecer completamente o artista, o tipo de escultura em questão, as técnicas de fabricação e o mercado de arte da época. Ser especialista em um domínio é precisamente poder dispor de uma rede de conexões muito mais rica do que a de um simples usuário.

Em um domínio muito mais banal, o muito discreto símbolo ®, abreviação de "marca registrada", localizado em uma mercadoria, indica que o nome da marca foi registrado. Essa letra simples ata por um fio invisível esse pacote a um repertório administrativo, por meio do nome da marca. Mas quem, entre os consumidores comuns, é capaz de compreender realmente as implicações econômicas e jurídicas da presença de um enunciado aderente nesse produto?

Essa distinção de bom senso entre os dois tipos de legibilidade não é suficiente. Diante de nosso pequeno busto de gesso, basta abrir os olhos para ter acesso ao enunciado e interpretá-lo. Pode-se até mesmo considerar que as coisas não mudam fundamentalmente quando se necessita da ajuda de uma lupa. Mas o que acontece quando recorremos a um instrumento que não se limita a aumentar os tipos, mas tem por função torná-los interpretáveis?

As sequências alfanuméricas das placas fixadas na dianteira e na traseira de um veículo são concebidas para serem bem visíveis por atores diversos: o motorista, os outros motoristas, a polícia... Mas, diferentemente do nome da marca, imediatamente inteligível, essas sequências de números e de letras só adquirem sentido se postas em correspondência com as informações sobre o carro e seu proprietário constantes em um registro. Antes do desenvolvimento das tecnologias digitais, essa correspondência se efetuava por meio de uma série de procedimentos administrativos que levavam à leitura de um registro mantido por alguma instância administrativa. Hoje, basta dispor de uma tecnologia adequada e de uma senha para ter acesso imediato a uma base de dados nacional. Da mesma maneira, nas embalagens, coexistem rubricas inteligíveis para todos e outras que o são apenas para um grupo restrito de profissionais dotados de competências e de instrumentos específicos. Em um pacote de biscoitos, uma sequência como "L321-07620-9", que permite identificar um lote, só é interpretável quando se consulta uma base de dados informatizada.

Os enunciados inteligíveis apenas a especialistas não são uma novidade. A placa de registro do carro existia antes da era digital, as bibliotecas tradicionais colavam em cada livro uma etiqueta, uma sequência de números e de letras que só tinha significação quando referida ao catálogo e à planta da biblioteca. Mas a desmaterialização dos catálogos inscreve o objeto em uma nova rede de práticas. A aposição de um código de barras em cada livro, por exemplo, transforma a gestão dos empréstimos e das devoluções dos livros, permite o estabelecimento de inventários ou a elaboração de uma série de estatísticas... E isso vem acompanhado de uma reorganização do trabalho e da política da instituição.

O recurso crescente às tecnologias digitais tem como consequência estabelecer uma separação entre dois tipos de enunciados aderentes: aqueles que, imediatamente interpretáveis, são voltados para os usuários, e aqueles cuja interpretação exige a mediação de instrumentos de leitura. A questão, agora, é decidir quem dispõe desses instrumentos. Para consultar a base de dados dos carros roubados, um guarda não tem mais necessidade de um alto grau de especialização. Ele precisa apenas dispor de um terminal e conhecer o procedimento para ter acesso à informação. Para essa categoria de agentes, seria mais adequado falar de "habilitados" do que de "especialistas". O mesmo indivíduo pode muito bem acumular as duas competências, mas elas são de natureza muito diferente. Para ler enunciados aderentes, o especialista tradicional precisa de um amplo conhecimento de um domínio de atividade. As "habilidades", em compensação, se limitam mais frequentemente a tarefas bem delimitadas, que não implicam um saber sobre o domínio em questão. O vendedor de uma marca de eletrodomésticos digita em um terminal uma sequência de números e de letras impressa no enunciado aderente associado a um produto e isso lhe permite dizer se o produto está no estoque, em qual loja pode-se eventualmente encontrá-lo, se uma nova encomenda foi feita, quando vai chegar. Não há a menor necessidade de uma percepção global do estoque, de conhecer as relações com os fornecedores, de formular hipóteses sobre o momento da entrega, em suma, de recorrer a uma experiência diversificada.

As situações em que se justapõem rubricas destinadas aos usuários e outras reservadas aos especialistas ou aos habilitados munidos de instrumentos apropriados contrastam com aquelas em que os objetos suporte não extrapolam o universo profissional. Evoquei o exemplo dos enunciados em troncos de árvores a serem abatidas. Vou evocar um outro, bem diferente: as adegas de conhaque.

Cada armazém estoca um número considerável de barris, divididos em fileiras. No primeiro barril de cada fileira, pinta-se em branco uma série de sequências exclusivamente destinadas aos funcionários da empresa. Os barris, de fato, não têm existência a não ser durante a fase de fabricação da aguardente. O que o consumidor compra não são barris, mas garrafas de vidro arrumadas em caixas de papelão.

Chais Hennessy, Cognac; 15 de julho de 2020

Nessa barrica se pode ler:

<u>213 330 102</u>
2005
P.Ch
Bouffard
31
10

Essas rubricas constituem a cédula de identidade não do barril, mas do conjunto da fileira, que é seu verdadeiro suporte. Além do mais, como se pode ver na foto, cada barrica dispõe igualmente, na lateral, de sua própria etiqueta retangular branca, que não levaremos em conta aqui.

As diferentes rubricas indicam o número do lote, o ano da colheita, a zona em que se situa o lugar de origem ("P.Ch" significa "Petite Champagne"), o nome da destilaria, o número de barris na fileira e seu conteúdo. Finalmente, dentro de um círculo, está o número da fileira. Algumas rubricas são imediatamente inteligíveis (como o ano da colheita e o nome do lugar de origem), mas o número do lote deve corresponder a um registro centralizado. Essas informações são necessárias para realizar as diversas misturas das quais deriva o conhaque comercializado. Desse modo, os funcionários serão capazes de associar os barris dessa ou daquela fileira às operações que, nos meses ou anos seguintes, poderão ser feitas e àquelas pelas quais eles já passaram. A menção à "Petite Champagne", por exemplo, indica que o álcool provém de um lugar situado em segunda posição em uma escala de qualidade que contém seis graus. Essa informação prescreve o tipo de tratamento reservado aos barris, quais tarefas isso implica em cada momento para cada categoria de funcionários.

A aptidão para compreender enunciados aderentes não destinados ao grande público não está necessariamente reservada aos profissionais de um setor de atividade. Decifrar um epitáfio em latim é, em princípio, problema de especialistas; mas qualquer amador apaixonado pode adquirir uma competência mais ou menos sofisticada na matéria. Sem ir tão longe, um grande número de consumidores dispõem de um saber mais ou menos vago que mobilizam em sua vida cotidiana sobre informática, fotografia, mecânica, dietas... Com a multiplicação dos enunciados aderentes em nosso ambiente e o desenvolvimento concomitante das redes de informação, vê-se aparecer uma multidão de novos atores que, por razões de militância[2] ou para obter lucros, se dão como tarefa assegurar a mediação entre o universo especializado e o grande público. Isso implica, em particular, saber decifrar enunciados aderentes normalmente destinados aos profissionais ou, na falta de tecnologia para lê-los, saber qual tipo de informação eles podem conter. Na web, a multiplicação de *sites* ou de tutoriais sobre os assuntos mais variados vem assim, dentro de certos limites, embaralhar as fronteiras entre especialistas e não especialistas.

[2] Quando há uma vontade militante, a decifração dos enunciados aderentes é frequentemente marcada pela convicção de que informações inconfessáveis são escondidas ao comum dos mortais. Veremos um exemplo dessas decifrações militantes quando evocarmos as etiquetas nas bandejas de carne (II, cap. 6).

Capítulo 4

Imagens e legendas

Seja a propósito de sua assinatura ou de sua moldura, as pinturas nos obrigaram a perguntar como os enunciados aderentes podem acomodar-se a sua dupla natureza de representação e de objeto. No que se refere à imagem, é preciso, no entanto, precaver-se de generalizações prematuras. Conforme o tipo de imagem e da época em questão, as coisas se apresentam sob perspectivas muito diferentes. É o que podemos avaliar a propósito das gravuras, que não levantam os mesmos problemas da pintura.

Gravuras antigas

Na obra[1] de 1758 a seguir, executada por Jean George Wille[2], a partir de um retrato pintado em 1735 por Hyacinthe Rigaud[3], pode-se ler uma legenda sobre o enquadramento de pedra que circunda o retrato.

[1] Disponível em: https://bit.ly/3SfZpJD; acesso: 19 set. 2022.

[2] Jean-Georges Wille nasceu em 1715 em Giessen (Alemanha) e morreu em 1808 em Paris. É um dos gravadores mais importantes do século XVIII; trabalhou essencialmente na França, onde foi membro da Academia Real de Pintura e Escultura.

[3] Nascido em Perpignan em 1659 e falecido em Paris em 1743, é um dos mais célebres retratistas franceses do período clássico. Fez especialmente os retratos dos reis Luís XIV e Luís XV em trajes de gala.

Pode-se ler:

> Jean de Boullongne
> Controlador Geral das Finanças Comendador
> e Grande Tesoureiro das Ordens do Rei

Esse enquadramento faz parte ou não da gravura? Em outras palavras, essa legenda é um enunciado aderente? A tentação é responder que sim, porque a gravura se reduz ao retrato propriamente dito, e o enquadramento pertence à mesma categoria das molduras dos quadros nos quais se podem fixar placas de cobre. Mas a questão é saber o que é "o retrato propriamente dito". Na verdade, a representação desse personagem é indissociável do enquadramento: a gravura de Wille não representa um indivíduo chamado "Jean de Boullongne", mas Jean de Boullongne inserido em um cenário majestoso, à altura de um "Controlador Geral das Finanças Comendador e Grande Tesoureiro das Ordens do Rei". A legenda, tanto por seu conteúdo quanto pela maneira como está inscrita, faz parte integrante desse enquadramento que convêm à representação de um poderoso ministro: suas roupas, sua atitude, os acessórios localizados diante dele, a cortina e a coluna que se percebe ao fundo constituem uma unidade com esse enquadramento majestoso.

Para persuadir-nos disso, basta-nos comparar a gravura de Wille com outra que representa o próprio Wille[4], executada em 1776 por outro gravador célebre da época, J.-G. von Müller[5], a partir de um quadro de J.-B. Greuze[6]. Aqui também parece impossível dissociar a personagem representada, o enquadramento e a legenda.

A legenda é a seguinte:

> Jean George Wille
> Gravador do Rei, de suas M.^des^ Imperiais e Real,
> e de sua M.^de^ o rei da Dinamarca, das Academias
> de Paris, Viena, Ruão, Augsburgo e Dresden.

[4] Disponível em: https://bit.ly/3SB0Ulm; acesso: 19 set. 2022.

[5] Johann Gotthard von Müller (1747-1830) é um gravador de Wurtemberg (Alemanha), que trabalhou em toda a Europa.

[6] J.-B. Greuze (1725-1805) é conhecido por suas pinturas dramáticas de viés moralizante, que tiveram grande sucesso à época.

A divergência entre o enquadramento solene e teatral do retrato de Jean de Boullongne e o bastante mais sóbrio de Jean George Wille corresponde à diferença de *status* entre um ministro do rei e um gravador, uma diferença acentuada pela presença do brasão em meio à legenda do retrato de Boullongne. Além disso, os dois homens não são capturados da mesma maneira: o ministro é representado no exercício de sua função, o gravador, como indivíduo.

Mas a diferença entre os dois enquadramentos tem também a ver com a época e com o quadro que serve de modelo aos gravadores. O quadro de Jean de Boullongne do qual se serve Wille foi pintado em 1730 por Hyacinthe Rigaud, o autor do célebre retrato de Luís XIV em trajes de consagração (1701). Ele incita o gravador a agenciar um dispositivo barroco. Por outro lado, von Müller se serve de um quadro pintado em 1763 por Greuze, o mestre da pintura do gênero de viés moral. Von Müller inscreve sua obra em um universo estético que se quer próximo da natureza: uma moldura de madeira, encimada por um adorno vegetal sóbrio, na qual está fixada uma placa, ela também de madeira, sustentada por uma corda que pende livremente.

Essas legendas — inscritas num cenário barroco de Wille ou numa placa de madeira de Müller — não decorrem da mesma lógica do *cartellino* em pintura, já que figuram fora do espaço reservado ao retrato propriamente dito. Não se situam no mesmo plano da enunciação dos retratos, sem, no entanto, serem enunciados aderentes. Elas equivalem à enunciação editorial para um livro. Sua posição ambígua é a consequência da possibilidade oferecida aos gravadores de elaborar enquadramentos em harmonia com o tema. Mas a maioria das estampas relega a legenda ao exterior da cena representada, abaixo da parte gravada propriamente dita. O que permite localizar os enunciados mais longos e de conteúdo muito variado.

Contudo, as gravuras de Wille e de von Müller não são desprovidas de enunciados aderentes, mas é para além do ambiente representado que convém procurá-los. No retrato de Jean de Boullongne, encontra-se à esquerda: "Pintado por H. Rigaud Cavaleiro da Ordem de S. Miguel" e, à direita: "Gravado por J. G. Wille Gravador do Rei". Sob o retrato de Wille por von Müller são igualmente indicados à esquerda o quadro de origem; à direita, o nome do gravador; ao centro, o lugar em que se vende a gravura. A gravura é então apreendida aqui como objeto tomado em dois tipos de troca: entre o gravador e os clientes, mas também entre o pintor e o gravador, que tem interesse em se servir de uma pintura renomada. Especificar que Greuze é o "Pintor do Rei" ou que Rigaud é "Cavaleiro da Ordem de S. Miguel" é, ao mesmo tempo, mostrar que se reproduzem quadros de artistas importantes e testemunhar uma deferência para com eles, que se espera seja seguida de algum retorno. Especificar que se trata do próprio “gravador do Rei” é igualmente aumentar o valor de sua obra, valor estético e valor monetário.

Quando se trata de estampas que relegam as legendas ao exterior da cena representada, a diferença entre as legendas e os enunciados aderentes se traduz em termos de visibilidade; como os enunciados aderentes não

devem ter grande destaque, eles são escritos com caracteres menores e dispostos nos cantos. Von Müller realizou o retrato em 1790, a partir de uma pintura de Joseph Duplessis que representa o rei Luís XVI em trajes de consagração (1977)[7].

Os enunciados aderentes são quase ilegíveis e relegados aos cantos inferiores. Em compensação, no centro da moldura inferior pode-se ler, em grandes caracteres, uma legenda com duplo objetivo: ela identifica a personagem representada e porta um juízo sobre seu novo *status* político de rei constitucional:

> LUÍS XVI
> *Ele quis a felicidade de sua nação e se tornou sua vítima*

Essa legenda tem um papel tanto mais importante porque acompanha um quadro oficial executado quando o rei era um monarca absoluto.

Fotos e legendas

Os retratos em gravura de Louis de Boullongne ou de Jean George Wille pertencem a um mundo do passado. Hoje, com as imagens digitais, os retratos podem se difundir ao infinito e em todos os tipos de rede. Essas fotos, quando não provêm da esfera privada, continuam, entretanto, a ser acompanhadas de legendas que acrescentam informações sobre o que é representado. É preciso fazê-las entrar na categoria dos enunciados aderentes?

Consideremos, por exemplo, as fotos legendadas que, durante as eleições para o Parlamento Europeu de 2009, apareciam sobre as declarações programáticas de dois movimentos ecologistas: "Europe Écologie", considerada da esquerda política, e a "Alliance Écologiste Indépendante", vista como puramente ecologista. O texto da Écologiste Indépendante distingue claramente uma frente na qual se encontram as fotos legendadas dos candidatos e um verso em que se apresenta o programa; por seu turno, no folheto da Europe Écologie, encontram-se, na frente e no verso, as fotos dos candidatos e os elementos do programa. Veja-se a frente do folheto da Europe Écologie:

[7] Disponível em: https://bit.ly/3SELhtG; Wille; acesso em: 19 set. 2022.

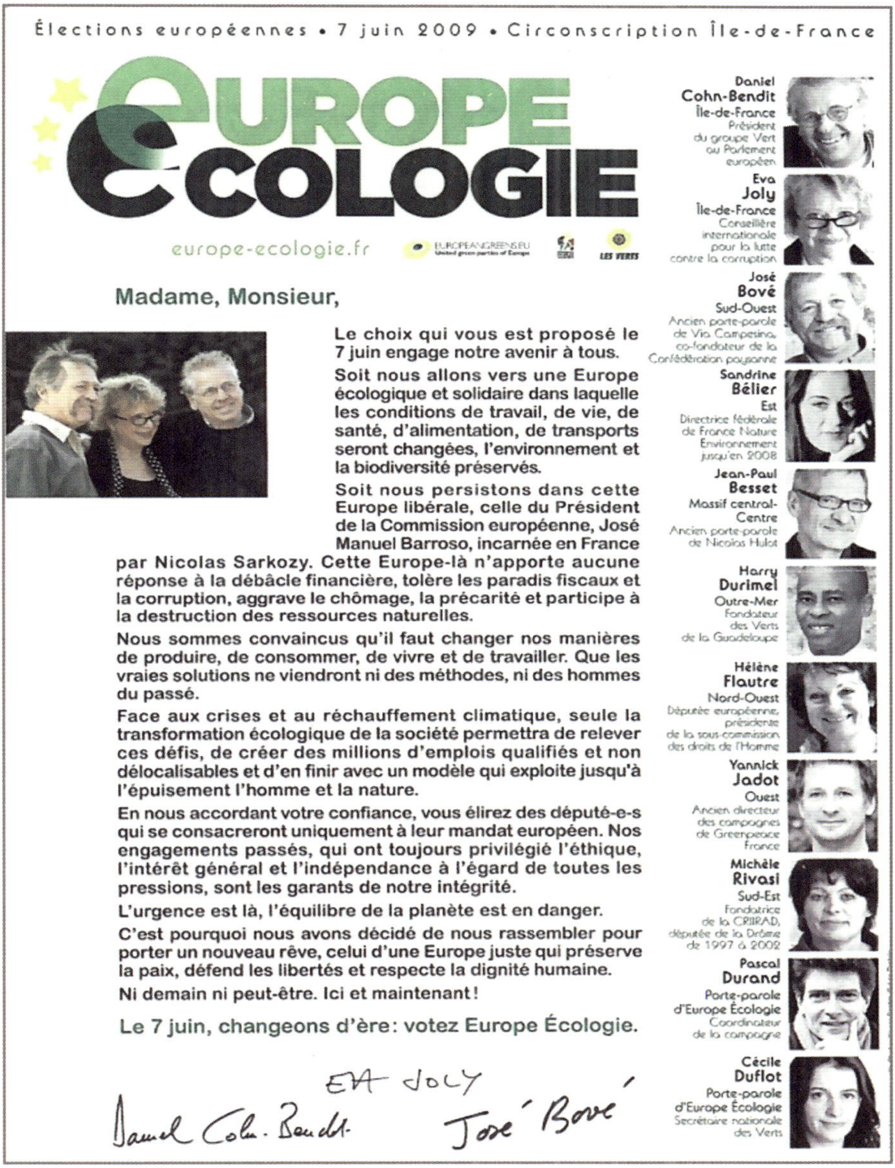

Élections européennes • 7 juin 2009 • Circonscription Île-de-France

EUROPE ÉCOLOGIE

europe-ecologie.fr

EUROPEANGREENS.EU United green parties of Europe

LES VERTS

Madame, Monsieur,

Le choix qui vous est proposé le 7 juin engage notre avenir à tous.

Soit nous allons vers une Europe écologique et solidaire dans laquelle les conditions de travail, de vie, de santé, d'alimentation, de transports seront changées, l'environnement et la biodiversité préservés.

Soit nous persistons dans cette Europe libérale, celle du Président de la Commission européenne, José Manuel Barroso, incarnée en France par Nicolas Sarkozy. Cette Europe-là n'apporte aucune réponse à la débâcle financière, tolère les paradis fiscaux et la corruption, aggrave le chômage, la précarité et participe à la destruction des ressources naturelles.

Nous sommes convaincus qu'il faut changer nos manières de produire, de consommer, de vivre et de travailler. Que les vraies solutions ne viendront ni des méthodes, ni des hommes du passé.

Face aux crises et au réchauffement climatique, seule la transformation écologique de la société permettra de relever ces défis, de créer des millions d'emplois qualifiés et non délocalisables et d'en finir avec un modèle qui exploite jusqu'à l'épuisement l'homme et la nature.

En nous accordant votre confiance, vous élirez des député-e-s qui se consacreront uniquement à leur mandat européen. Nos engagements passés, qui ont toujours privilégié l'éthique, l'intérêt général et l'indépendance à l'égard de toutes les pressions, sont les garants de notre intégrité.

L'urgence est là, l'équilibre de la planète est en danger.

C'est pourquoi nous avons décidé de nous rassembler pour porter un nouveau rêve, celui d'une Europe juste qui préserve la paix, défend les libertés et respecte la dignité humaine.

Ni demain ni peut-être. Ici et maintenant!

Le 7 juin, changeons d'ère: votez Europe Écologie.

Daniel Cohn-Bendit EVA JOLY José Bové

Daniel Cohn-Bendit
Île-de-France
Président du groupe Vert au Parlement européen

Eva Joly
Île-de-France
Conseillère internationale pour la lutte contre la corruption

José Bové
Sud-Ouest
Ancien porte-parole de Via Campesina, co-fondateur de la Confédération paysanne

Sandrine Bélier
Est
Directrice fédérale de France Nature Environnement jusqu'en 2008

Jean-Paul Besset
Massif central-Centre
Ancien porte-parole de Nicolas Hulot

Harry Durimel
Outre-Mer
Fondateur des Verts de la Guadeloupe

Hélène Flautre
Nord-Ouest
Députée européenne, présidente de la sous-commission des droits de l'Homme

Yannick Jadot
Ouest
Ancien directeur des campagnes de Greenpeace France

Michèle Rivasi
Sud-Est
Fondatrice de la CRIIRAD, députée de la Drôme de 1997 à 2002

Pascal Durand
Porte-parole d'Europe Écologie
Coordinateur de la campagne

Cécile Duflot
Porte-parole d'Europe Écologie
Secrétaire nationale des Verts

As legendas estão situadas ao lado das fotos dos rostos dos onze candidatos. As três primeiras são as seguintes:

— **Daniel Cohn-Bendit** / Île-de-France / Presidente do grupo Verde no Parlamento Europeu;

— **Eva Joly** / Île-de-France / Conselheira internacional pela luta anticorrupção;

— **José Bové** / Sud-Ouest / Ex-porta-voz da Via Campesina[8], cofundador da Confederação de Agricultores[9].

No verso do texto da Écologiste Indépendante encontra-se apenas uma foto, a de um bezerro mamando em sua mãe no campo:

Coopération · Respect · Ethique · Espérance · Responsabilité

La taille de l'Europe permet une action planétaire (pour la sauvegarde des forêts ou même la tenue d'un Sommet mondial pour le désarmement...).
Elle rend possible l'autonomie alimentaire et l'autonomie énergétique.
Elle est garante de notre souveraineté et de la paix.
La dimension des défis requiert d'œuvrer à cette échelle.

• Respecter le Pacte de stabilité grâce à un contrôle de l'utilisation des fonds publics, une défense européenne et une politique sanitaire digne de ce nom.

• Créer un véritable statut pour les praticiens des médecines non conventionnelles et les intégrer dans le programme Santé européen. Renforcement des directives Reach dans le programme santé environnementale pour répondre aux nouvelles pathologies. Instauration d'un corps professionnel d'éducateurs de santé formés à la prévention et à la préservation de la santé.

• Harmoniser les fiscalités pour que les entreprises ne subissent plus une concurrence déloyale (particulièrement les frontalières). Etablir une taxation moindre sur le travail, et plus grande sur les consommations impactant les ressources énergétiques ou naturelles.

• **Construire ensemble une économie respectueuse :** elle réhabilite la proximité, la ruralité, la petite entreprise et l'artisanat. L'une de ses facettes, c'est « l'économie verte » : agriculture paysanne et biologique, aménagement des territoires, conseils et formations, éco construction, gestion des déchets, isolation (qui réduit beaucoup le recours au nucléaire), prévention et réduction des pollutions et risques, protection des écosystèmes, services à la personne, suivis des eaux et forêts... Elle soutient les microprojets et les actions coopératives.

Produire 1 kilo de viande requiert 10 kilos de céréales, donc 10 000 litres d'eau douce. Et si on mangeait moins de viande ?

Une politique agricole repose sur une agriculture sans pesticide ni OGM pour une alimentation saine. Elle préserve la biodiversité, les paysages, la semence et les terroirs. Elle promeut les petites exploitations, les réseaux courts et anticipe la fin du pétrole

• Programmer les fins des élevages en batterie, du transport d'animaux vivants et des pratiques cruelles (combats de coqs, corridas...). Interdire le commerce de la fourrure.
Remplacer l'expérimentation animale par la biologie cellulaire, beaucoup plus fiable.

• Faire une étude comparative de l'impact des politiques agricole, bancaire, carcérale, éducative, fiscale, sanitaire, sociale... de chaque pays pour en tirer le meilleur et l'appliquer.
Cela permettra par exemple de s'inspirer du meilleur modèle qui permette à la personne handicapée de rencontrer moins d'obstacles.

• **Développer une politique éducative européenne à l'Environnement.**
Organiser l'enseignement des valeurs et de la santé. Faciliter la mobilité étudiante.

• Assumer son rôle politique et la démocratie : l'Europe requiert un président élu au suffrage universel, une diplomatie commune, une Cour constitutionnelle, une juridiction européenne accessible directement par les citoyens de l'Union, une politique étrangère reposant sur le droit international et le commerce équitable.

POLITIQUE ECOLOGIQUE = PLEIN EMPLOI

Alliance Ecologiste Indépendante – 6 rue Emile Gilbert – 75012 Paris
info@alliance-ecologiste-independante.fr
L'ensemble de nos propositions apparaît sur www.alliance-ecologiste-independante.fr

[8] A Via Campesina, fundada em 1993, é um movimento internacional que reúne organizações de pequenos camponeses, trabalhadores agrícolas, comunidades indígenas da Ásia, da África, das Américas e da Europa.

[9] A Confederação dos Agricultores é um sindicato agrícola francês que se considera de esquerda política e ecológica.

A legenda situada à esquerda evoca os males da pecuária:

> Produzir um quilo de / carne requer / 10 quilos de cereais, / portanto, 10.000 litros / de água doce. / E se comêssemos menos carne?

Esses exemplos ilustram os dois polos entre os quais oscilam as legendas: um polo informativo, ilustrado pelas fotos dos candidatos da Europe Écologie, e um polo argumentativo, ilustrado pela foto do bezerro. Mas eles permitem também enfatizar a diferença entre uma legenda de gravura, quando há uma, e uma legenda de foto: uma gravura é uma unidade semiótica e material autônoma, enquanto suas legendas são integradas formal e semanticamente aos textos.

As legendas ao lado das fotos dos candidatos da Europe Écologie se apresentam, certamente, como informativas, mas servem também para apoiar o ponto de vista defendido pelo texto em que estão inseridas. As legendas selecionam, portanto, as competências dos candidatos que legitimam seu pertencimento à lista situada sob o duplo rótulo da Europa e da ecologia. O primeiro, Daniel Cohn-Bendit, é apresentado como alguém dotado de dupla legitimidade: militante ecologista e presidente do grupo no Parlamento Europeu. As duas legendas que se seguem buscam preservar um equilíbrio entre esses dois polos: o nome de Eva Joly ("conselheira internacional...") é mais associado à Europa, o de José Bové ("cofundador da Confederação Agrícola") à agricultura. É claro que essas legendas participam do objetivo de propaganda política que marca o conjunto do texto em que estão inseridas.

Na declaração programática da Alliance Écologiste Indépendante, a integração da legenda com a foto do bezerro e de sua mãe é ainda mais forte, já que se apresenta como argumentação. É até difícil distingui-la tipográfica e semanticamente do resto do texto. A legenda não tem como objetivo explicitar o conteúdo da foto, que mostra um estereótipo positivo imediatamente reconhecível para melhor apanhá-lo no contrapé, argumentando contra o consumo de carne. A tensão é característica de um movimento que se esforça para propor uma visão *alternativa* da sociedade, para fazer ver as coisas de *outra forma*.

Esse procedimento nos lembra que nenhuma imagem tem significação por si mesma. É seu contexto que lhe dá sentido. Longe de serem enunciados aderentes, as legendas, como as fotos que elas acompanham, são componentes de um texto. Mesmo quando a imagem parece ter função puramente documental, como é o caso em um livro de história ou em um artigo de divulgação científica, a legenda justifica a presença dessa imagem no tipo de texto com finalidade didática. Em outros termos, é preciso ver uma legenda em dois níveis de interação constante: em sua relação com a foto à qual é associada, mas também na relação do conjunto do texto com o todo formado pela foto com sua legenda. O mais frequente é os dois níveis estarem em harmonia. É o caso tanto das enciclopédias e dos manuais — que devem mostrar sempre um *ethos* didático e neutro — quanto nos textos políticos — nos quais as legendas e fotos estão a serviço de um empreendimento militante.

Mas nem todos os textos são submetidos a restrições tão unívocas quanto os textos abertamente militantes ou os textos com objetivo enciclopédico. É o caso de um artigo do jornal *Le Monde* dedicado aos dirigentes "populistas"; o título e a linha fina anunciam claramente que se trata de desqualificá-los:

«O vírus, os populistas e seus modelos»

Trump, Bolsonaro, Putin... quer governem com democracia quer sejam autocratas confirmados, o resultado é o mesmo: um balanço desastroso[10].

No entanto, a vontade de desqualificar os populistas não é perceptível na legenda da foto de Trump que acompanha o artigo. A legenda, com efeito, dá informações factuais:

> O presidente americano, Donald Trump, visita a fábrica da Honeywell International Inc.,produtora das máscaras N95, em Phoenix (Arizona), em 5 de maio. BRENDAN SMIALOWSKI / AFP

[10] Disponível em: https://bit.ly/3Buor0c; acesso em: 19 set. 2022.

Le président américain, Donald Trump, visite l'usine Honeywell International Inc fabriquant des masques N95, à Phoenix (Arizona), le 5 mai. BRENDAN SMIALOWSKI / AFP

Essa neutralidade aparente se explica facilmente levando em conta o posicionamento do *Le Monde*, tido como um jornal de referência, um diário no qual jornalistas sérios noticiam fatos verificados e procedem a análises bem argumentadas. As legendas que dão informações factuais mostram um *ethos* objetivante que corrobora essa imagem. Dirigentes "populistas" devem ser denunciados pela exibição de um *ethos* discursivo de uma imprensa que não é populista, que apresenta fotos associadas a legendas informativas. O "populismo" não é, de fato, um tema qualquer; é a ameaça que esse tipo de imprensa deve combater sem cessar, para legitimar o estatuto que ela reivindica.

Mas o conteúdo fortemente polêmico do texto só pode orientar a leitura da imagem em um sentido desfavorável a Trump, sem que isso decorra da legenda. A foto o mostra olhando, com uma cara mal-humorada, uma máscara que alguém segura. Uma forma de trazer discretamente à cena a atitude que lhe é reprovada: a negação da pandemia e a desconfiança em relação às autoridades sanitárias. Observe-se também que o presidente americano se destaca de um fundo com uma imensa bandeira americana, cujas cores (azul, branco e vermelho) são as de sua roupa (terno azul, camisa branca, gravata vermelha). Ele parece assim encarnar o "populismo" que o artigo pretende denunciar: a fusão, sem instâncias mediadoras, de um povo e de um homem.

Para identificar os enunciados aderentes associados às fotos, não é para as legendas que devemos olhar, mas para o "crédito da foto": ele diz respeito à fotografia como mercadoria sobre a qual um produtor e um difusor têm direitos. O crédito da foto é uma obrigação legal fundamentada em todo um arsenal jurídico do direito autoral (direitos patrimoniais e morais) e da propriedade intelectual. Nas gravuras antigas, a distinção entre a legenda e os enunciados aderentes era claramente marcada: a primeira estava inscrita no enquadramento, enquanto os enunciados que apreendiam a gravura como artefato e como mercadoria eram relegados ao exterior da representação propriamente dita. Com a foto de imprensa, a distinção não é tão visível.

Na foto de Donald Trump, por exemplo, ela é marcada apenas pela tipografia: a legenda está escrita em letras minúsculas, enquanto o crédito da foto está em maiúsculas: "BRENDAN SMIALOWSKI" indica o nome do fotógrafo e o da agência de notícias que administra a difusão das fotos.

No mundo contemporâneo, em matéria de associação entre um enunciado e uma imagem, os produtos televisivos dificilmente podem ser ignorados. Nos canais temáticos, especialmente nos dedicados à economia ou ao esporte, o telespectador vê na tela enunciados incrustados que não têm relação imediata com a transmissão em curso: o índice da Bolsa, as taxas de câmbio, os resultados dos jogos de tênis ou de futebol, uma frase atribuída a determinado jogador ou treinador etc. Nos canais de informação, os conteúdos são diferentes: notícias consideradas importantes ou frases ditas por alguma personalidade desfilam circularmente nas faixas na base da tela. Com esse tipo de fenômenos, não se pode falar de enunciados aderentes, mas de enunciações paralelas, integradas a um fluxo televisivo que se tornou fundamentalmente polifônico, seguindo uma lógica levada ao paroxismo pela internet. Saímos do dispositivo teatral tradicional, que mostrava os locutores inseridos em um ambiente, para explorar as possibilidades que a espacialidade da tela oferece.

Outro tipo de enunciado, agora relativo à transmissão em curso, pode aparecer na base da tela, particularmente a legendagem das falas dos locutores que se expressam em língua estrangeira, ou os enunciados que nomeiam e/ou categorizam o que é mostrado na imagem, associando-

-lhe informações: "Jean Dupont, deputado de Paris", "Berlim, ontem", "Paul Martin, militante do Greenpeace...". Em algumas transmissões, aparecem até mesmo frases entre aspas classificadas como resumos das falas de um ou outro locutor presente na bancada. Tal prática, muito comum nos EUA, permite destacar especialmente as posições dos protagonistas de um debate, sempre associadas a frases emblemáticas. Longe de serem enunciados aderentes, esses diversos tipos de enunciados fazem parte da transmissão, decorrem da mesma lógica das legendas das fotografias: selecionam as propriedades ou os pontos de vista que fazem delas componentes pertinentes da unidade que as engloba.

É o que vemos, por exemplo, em uma transmissão de 21 de março de 2015 no canal France 2. O entrevistado era o cantor de um grupo de rock chamado "Les Sans Voix" (Os Sem Voz), nascido de associações de caridade[11]. Enquanto ele falava, os telespectadores podiam ler um enunciado em um letreiro vermelho na parte de baixo da tela:

> Voluntário do Secours Catholique, Pierre decidiu entrar em cena para dar voz aos "sem voz".

Nesse tipo de transmissão, interagem três planos de enunciação:
(1) a entrevista entre os convidados e os jornalistas;
(2) a enunciação da imagem na qual se inserem essas entrevistas;
(3) a enunciação da frase inserida.

[11] Disponível em: https://bit.ly/3Sw2Lry; acesso em: 19 set. 2022. Encontra-se uma análise mais detalhada desse grupo em Maingueneau (2020b).

O programa do qual essa imagem foi extraída se chamava "Toute une histoire" ("Toda uma história")[12]. Abordava temas da sociedade: amor, segredos, sedução, amizade, filhos, alimentação, casais, separações, reencontros, gravidez, mentiras, família, ciúmes, pais, dietas, sexualidade, solteirice... Diferentes convidados falavam de suas experiências a uma apresentadora. Em tal dispositivo, quando se insere um enunciado, é o ponto de vista do convidado que é privilegiado[13]. É claramente o caso aqui. O simples fato de a frase no gerador de caracteres designar o convidado pelo nome "Pierre", e não "Pierre Sapu", já cria empatia: ele é apresentado como alguém próximo, não como um profissional da cena artística. O sintagma nominal aposto inicial ("voluntário do Secours Catholique") permite interpretar em sentido positivo a imagem do homem maduro, calvo, tatuado e barbudo que aparece na tela. O telespectador não deve ver apenas um marginal ou um cantor excêntrico, típico do *rock* alternativo, mas um homem pertencente ao mundo dos excluídos, do qual se apresenta como defensor.

Encontram-se, entretanto, enunciados aderentes na tela da TV, mas nos cantos: o número "2", no alto, e "francetvpluzz", embaixo. O número 2 é o logotipo do canal France 2; ele lembra ao telespectador qual é o canal que ele está assistindo. Quanto a "francetvpluzz", este é o nome da plataforma de *replay* na qual o vídeo fica disponível. Ele não aparece na tela na primeira transmissão do programa, não incide sobre o mesmo suporte que o "2", que aparece tanto na transmissão ao vivo quanto no vídeo disponível em um tipo de catálogo. Essa superposição de enunciados aderentes dá testemunho de uma transformação na recepção da televisão. Uma transmissão tem agora dois modos de existência: o de uma sequência no fluxo da programação e o de elemento em um estoque, à disposição dos telespectadores que podem assisti-los quando lhes convém.

[12] Esse programa diário durava uma hora; foi transmitido entre setembro de 2006 e junho de 2016.
[13] Aliás, a foto foi extraída da aba "Imprensa" do próprio *site* dos Sans Voix.

Capítulo 5

Em que língua(s)?

Quando expressos em língua natural, os enunciados aderentes dependem necessariamente de uma língua e do sistema de escrita correspondente. Quando há interesse pelas modalidades de acesso aos enunciados aderentes, não basta, então, interrogar-se sobre sua visibilidade ou legibilidade. É preciso também considerar o idioma (ou os idiomas) que eles mobilizam. Não são necessárias longas investigações para perceber que o ponto de vista de que os enunciados aderentes seriam naturalmente redigidos na língua dos usuários não dá conta da complexidade dos dados. A língua por meio da qual um enunciado aderente se manifesta faz sentido no interior de uma "interlíngua" (Maingueneau, 2004a: 138-150), de um conjunto de línguas em interação mais ou menos conflituosa em um lugar determinado. A maneira como um enunciado aderente cerca essa interlíngua é uma dimensão constitutiva de sua significação.

As línguas do "*titulus crucis*"

As questões relativas a essas escolhas aparecem com força particular quando se trata de enunciados de valor político ou doutrinal. Citei o exemplo do "*titulus crucis*" que Pilatos mandou exibir na cruz de Jesus. O Evangelho de João é o único a especificar que ele foi redigido em três línguas, mas fornece apenas a redação grega, língua em que seu texto está redigido:

> Pilatos redigira um letreiro que mandou afixar na cruz. Ele trazia esta inscrição: "Jesus Nazareno, o Rei dos Judeus". Muitos judeus leram esse letreiro, porque o lugar onde Jesus tinha sido crucificado era próximo da cidade; e o texto estava escrito em hebraico, latim e grego (João 19,19-20).

O texto de João é submetido a uma dupla restrição: deve produzir uma narrativa simultaneamente verossímil e em acordo com a doutrina subjacente à sua redação. Do ponto de vista da verossimilhança, o fato de o letreiro estar escrito em três línguas se justifica pela intenção atribuída às autoridades romanas de atingir um público amplo, de forma a fazer a condenação servir de exemplo, de advertência à população: eis o que acontece àqueles que se proclamam reis quando o único soberano legítimo deste país é o Imperador. De fato, naquela época, o grego era uma língua amplamente difundida na Palestina e em todo o Oriente Médio. Por outro lado, há uma inscrição em latim, não para alcançar a população, que não fala essa língua, mas para afirmar a presença da autoridade romana.

De um ponto de vista doutrinal, essa pluralidade de línguas faz igualmente sentido: o "*titulus*" justapõe a língua do Antigo Testamento, o grego e a língua do Império Romano. O grego não é apenas uma língua veicular, mas a língua em que estão escritos os quatro evangelhos canônicos, destinados a um público helenófono. Inscrever o título na cruz, ao mesmo tempo, em hebraico, grego e latim é ressaltar que Jesus é uma figura cuja legitimidade se funda no Antigo Testamento, mas que sua missão redentora diz respeito a toda a humanidade; em suma, que a ruptura com o judaísmo está consumada. Tanto mais que a ancoragem do reino de Jesus no mundo judeu que a inscrição ("Jesus Nazareno, o Rei dos Judeus") implica foi precisamente invalidada na narrativa de João um pouco antes. Quando Pilatos perguntou a Jesus se ele era "o Rei dos Judeus", isto é, se ele se reconhecia no rótulo da futura inscrição na cruz, ele respondeu: "Meu reino não é deste mundo" (Ἡ βασιλεία ἡ ἐμὴ οὐκ ἔστιν ἐκ τοῦ κόσμου τούτου) (João 18,33).

Ao informar que o "*titulus*" foi escrito em três línguas, entre as quais o grego, mas citando apenas a versão grega, o autor inscreve a língua de seu evangelho na própria cruz. Assim, o fato de o evangelho estar em grego não é um acidente; antes, de certa forma, está prefigurado na própria cruz. O que ganha toda a força quando o enunciado grego em questão designa precisamente "o Rei dos Judeus", designação que o evangelista se empenha em mostrar como a tradução de uma incompreensão profunda da missão de Jesus. Essa incompreensão dos judeus é, aliás, a ideia central do prólogo do Evangelho de João: "Ele veio para o que era seu, e os seus não o receberam. Mas a todos os que o receberam ele deu o poder de se tornarem filhos de Deus" (João 1,11-12).

Mais tarde, quando a sede da Igreja se estabelece em Roma e uma Igreja passa precisamente a existir, é unicamente o rótulo latino (I.N.R.I.), associado ao catolicismo, isto é, à universalidade, que será mantido pela iconografia, ao mesmo tempo que os evangelhos mantêm apenas a versão grega. Produz-se, assim, uma transformação do valor do latim. No letreiro de Jesus, está a língua do poder ocupador, e não um idioma falado pela população. Quando a Igreja se fixa em Roma, o latim se torna a língua da autoridade religiosa, a língua sagrada; é ela que é a partir de então utilizada nas representações da crucificação. No Evangelho de João, o grego relegava a segundo plano as duas outras línguas. Com a inscrição "I.N.R.I.", é o latim que relega à sombra as outras duas. Mas, tanto em um caso quanto no outro, trata-se de legitimar a instituição e a doutrina associadas à língua privilegiada.

A inscrição que o texto de João diz ter sido redigida "em hebraico" (Ἑβραϊστί) é problemática. É, de fato, impossível determinar se se trata de aramaico ou de hebraico. Se se interpreta o termo como referindo-se ao hebraico, ele designa a língua dos sumos sacerdotes, que reivindicaram a morte de Jesus, e a do Antigo Testamento, que legitima a vinda do Messias. Se "hebraico" designa o aramaico, isso reforça a ideia de que as autoridades romanas colocaram o letreiro para alcançar o conjunto da população, que fala aramaico e não hebraico. O texto do evangelho abre essas duas possibilidades. Aqui está toda a diferença entre a língua que mostra um enunciado aderente atestado e a simples menção a uma língua por um texto que evoca uma realidade totalmente inacessível[1].

A língua das mercadorias

O mundo contemporâneo não é a Judeia do século I, mas os redatores de enunciados aderentes são sempre confrontados com a diversidade das línguas, mesmo em um país em que não há multilinguismo oficial, como a França. Atualmente as línguas podem ser classificadas em três níveis: o internacional (nível em que o inglês se tornou hegemônico), o nacional (o âmbito da[s] língua[s] oficial[is] de um país) e o local (o das línguas que não são oficiais, mas de uso em uma área social ou geográfica determinada, em interação com os dois outros níveis). A isso se acrescenta a possibilidade de recorrer a línguas mortas prestigiosas, ou a estágios mais antigos de uma língua viva.

Contudo, o leque das possibilidades que se abre diante dos redatores depende diretamente do setor de atividade em questão. Consumidores que frequentam certos tipos de loja estão habituados a ver letreiros em inglês. Como numa loja de roupas de um centro comercial em Créteil Soleil, um bairro parisiense, onde acima da prateleira feminina e da prateleira masculina estão escritos, respectivamente, "WOMAN" e "MAN".

18 de janeiro de 2020; centro comercial Créteil Soleil

[1] Na relíquia do "*titulus*" exposta desde 1492 na Basílica da Santa Cruz de Jerusalém em Roma, é o aramaico que é utilizado, e os enunciados em grego e em latim são escritos da direita para a esquerda, o que deixaria entender que o escriba era judeu. Essa relíquia foi, sem dúvida, fabricada na Idade Média, mas seus defensores argumentam se tratar de uma cópia do original. Estamos, pois, diante de um debate sem fim.

A loja vizinha opta, por sua vez, por uma solução de compromisso entre o inglês e o francês: painéis nos quais estão superpostos "FEMME" e "WOMAN".

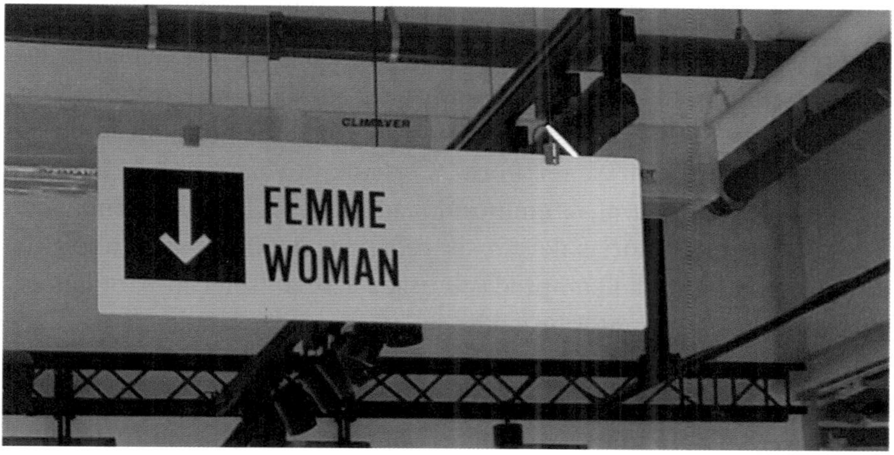

18 de janeiro de 2020; centro comercial Créteil Soleil

Esse recurso ao inglês poderia surpreender quando se sabe que a clientela da região não é, em sua maioria, anglófona. Nos bairros populares, diferentemente do que se passa nas grandes lojas do centro de Paris, a tradução em inglês não serve para facilitar a compreensão. A presença do enunciado aderente em inglês não pode nem mesmo ser explicada pela probabilidade de essas butiques serem ligadas à cultura de um país anglófono, como é o caso de marcas como Burton, Old England, Lee Cooper, Abercrombie & Fitch etc. Na realidade, estamos diante apenas de uma manifestação, entre infinitas outras, de hegemonia cultural. Ora, as roupas exercem um papel crucial na encenação de si. Trocar "FEMME" por "WOMAN" é ativar uma constelação de estereótipos, converter imaginariamente a compradora em "woman", dar-lhe o sentimento de estar comprando uma roupa de mulher jovem e dinâmica, plenamente integrada a um mundo aberto. A estratégia é ainda mais eficaz se esses enunciados aderentes em inglês estiverem em harmonia com seu suporte. A decoração das duas lojas expõe signos avaliados como capazes de conferir um *ethos* moderno: predominância do preto e do branco, baterias de *spots* no teto, hastes metálicas aparentes... Ao exibir esses letreiros em inglês, a loja confirma o *ethos* que se atribui por meio dessa decoração.

A cliente que se dirige à prateleira em que aparece o letreiro "woman" é levada a achar natural ser designada por um termo não pertinente à língua do país em que ela vive, porque a própria contradição funciona sub-repticiamente como norma: a verdadeira mulher é uma "woman".

Como mostra esse exemplo de extrema banalidade, não podemos nos apoiar no postulado de que um enunciado aderente produzido em determinado país é necessariamente escrito em sua língua oficial ou em uma língua em uso nesse território. Certamente, existem leis para esse procedimento: em geral, os enunciados aderentes relativos à composição e ao uso das mercadorias devem ser redigidos na(s) língua(s) oficial(is) dos países em que são compradas e usadas. Se a "solução para lentes" evocada no capítulo anterior é bilíngue (francês e holandês), é para que o produto possa ser vendido na Bélgica. Mas, nesse frasco, uma terceira língua aparece em pequenas pinceladas: o inglês. O nome da marca é, de fato, "eye CARE solutions", as lentes são categorizadas como "souples / soft" e a menção "Made in France" aparece bem embaixo.

A regulamentação deixa, todavia, uma margem de manobra importante. Como mostram os letreiros WOMAN e MAN, encontram-se no comércio inúmeros exemplos nos quais se considera que o recurso a uma língua estrangeira influencia a representação do produto. Substantivos como "man" e "woman" pertencem ao léxico mais básico; não bloqueiam a compreensão. Pode-se dizer o mesmo dessa caixa de biscoitos chamada "Baiocchi", da marca "Mulino Bianco", propriedade do grupo alimentício italiano Barilla.

Embora esses biscoitos sejam vendidos na França, a maior parte dos enunciados da embalagem vem redigida em italiano, sem tradução. A frente, isto é, a área de destaque oferecida ao olhar do comprador, comporta o nome das marcas ("Barilla" e "Mulino Bianco") e do tipo de biscoito ("Baiocchi"), associados a informações em caracteres menores: "Con Crema alla Nocciola e Cacao", "Nocciole 100% italiane", "Senza olio di palma"[2]. A predominância do italiano é possível porque os elementos icônicos mostram claramente a natureza do produto vendido e sua composição, sem ser necessário passar pela língua: vê-se em primeiro plano um biscoito, acompanhado de nozes dispostas ao lado de uma tigela de chocolate.

É preciso virar o pacote para poder ver enunciados que não estão em italiano. Distinguem-se então duas regiões claramente separadas por uma larga faixa branca: a parte superior, bem legível, que ressalta as qualidades gustativas dos biscoitos, está em italiano, enquanto a parte inferior, trilíngue (italiano, francês, inglês) traz as informações nutricionais exigidas pela regulamentação.

Os enunciados em italiano vêm em caracteres maiores, sua apresentação é mais espaçada e ilustrada com uma imagem central e colorida. Por outro lado, a parte inferior, compacta e impressa em caracteres pequenos, é dificilmente legível. Essa divisão pode parecer paradoxal, porque os que conceberam essa embalagem não podiam esperar que os clientes dos supermercados franceses compreendessem italiano. Evidentemente, o texto em italiano não está na embalagem para ser entendido, mas simplesmente

[2] Tradução: "Com creme de nozes e de cacau", "nozes 100% italianas", "sem óleo de palma".

para estar em italiano. Os consumidores devem ter a impressão de que estão comprando um pacote igual ao que os italianos compram.

Essa estratégia de *marketing* baseia-se na existência de uma relação estereotipada entre a "italianidade"[3] e certas categorias de produtos (massas, vinho, pizza, biscoitos...), e, além disso, entre a Itália e a arte de viver, a sensualidade, o refinamento... A situação seria evidentemente outra se se tratasse de computadores ou de máquinas-ferramentas fabricadas na Itália. Da mesma forma, é a existência de um laço estereotipado entre a americanidade, a modernidade e a juventude que justifica escrever em uma butique de roupas, na França, "WOMAN" em um letreiro.

Além das técnicas do *marketing* destinado aos consumidores cuja língua não é o inglês, a presença de enunciados aderentes nessa língua pode decorrer de três tipos de situação:

(1) Nos aeroportos ou nos museus, traduzem-se sistematicamente em inglês as placas, a partir do postulado de que a maior parte dos estrangeiros são capazes de compreender essa língua. Os que decidem isso não se perguntam se os visitantes ou os viajantes reais compreendem inglês, mas sua decisão tem como efeito reforçar o estatuto do inglês como língua veicular, obrigando os viajantes potenciais a aprenderem rudimentos de inglês.

(2) Existem enunciados aderentes que visam explicitamente a destinatários oriundos de países anglófonos. Na França é o caso, por exemplo, das agências imobiliárias de algumas regiões, particularmente frequentadas por cidadãos britânicos. É seguindo a mesma lógica que algumas grandes lojas parisienses exibem enunciados aderentes em chinês ou em japonês em produtos de luxo para atingir os numerosos turistas vindos desses países.

(3) Finalmente, muitos enunciados aderentes são codificados para o comércio internacional: "Made in XX", "Copyright", "Registered Trademark"... Esses enunciados aderentes, ainda que rotineiros, testemunham uma relação de dominação cultural e econômica.

Mas essas distinções, baseadas na existência de línguas nacionais, são relativas a determinada configuração histórica. No exemplo do "*titulus*

[3] Sobre a "italianidade" como "significado de conotação" na publicidade, ver o célebre estudo de Barthes sobre as massas Panzani: "Rhétorique de l'image". Nele pode-se ler: "A *italianidade* não é a Itália, é a essência condensada de tudo o que pode ser italiano, do espaguete à pintura" (1964: 49).

crucis" tal como descrito no Evangelho de João, o enunciado aderente é redigido na língua da autoridade ocupante e nas duas línguas em uso na região, o grego e o aramaico (se se aceita a hipótese de termos ali o aramaico, não o hebraico). Não estamos diante de uma questão de línguas nacionais ou oficiais. Nem o grego, nem o latim, nem o aramaico eram línguas especificamente associadas à Palestina.

Gestos políticos

Até aqui, apresentei exemplos em que as línguas envolvidas são línguas em uso. Porém, quando se trata de enunciados aderentes, o plurilinguismo tem também uma dimensão diacrônica. Eles podem ser redigidos em línguas mortas, ou talvez em estágios mais antigos de uma língua viva: por exemplo, uma inscrição em francês medieval em um monumento. Na Europa, mesmo depois de o uso das línguas vernaculares se impor, muitos enunciados aderentes continuaram sendo redigidos em latim, particularmente nos túmulos ou nos frontispícios dos edifícios públicos, enunciados todos que pretendiam com isso transcender seu contexto imediato. É assim que a capela da Sorbonne é decorada com uma dedicatória em latim que sublinha o papel do cardeal Richelieu, primeiro-ministro de Luís XIII: "ARMANDUS IOANNES CARD DUX RICHELIUS SORBONAE PROVISOR AEDIFICAVIT DOMUM ET EXALTAVIT TEMPLUM S. DOMINO MDCXLII"[4]. No século XVII, para esse tipo de enunciado aderente, o recurso ao latim se impunha. Ele era não somente a língua da Igreja Católica, uma língua da Antiguidade, fundamento da cultura das elites da época, mas também a língua dos professores e dos estudantes da Sorbonne, utilizada para ensinar e redigir os trabalhos e as teses. Seria então redutor dizer que a inscrição está redigida numa língua morta, pois essa língua "morta" é também, na época, a língua viva da Igreja, e a inscrição, como veremos, joga com essa ambiguidade.

Se a inscrição no frontispício da capela da Sorbonne está em latim, isso ocorre, em primeiro lugar, porque na época não se podia fazer diferente num edifício de prestígio, participante, ao mesmo tempo, do mundo religioso e do mundo universitário. Mas a escolha do latim se enriquece

[4] Tradução: "Armand Jean, Cardeal e Duque de Richelieu, Provedor da Sorbonne, edificou esta casa e elevou este templo em 1642".

de novas significações, de ordem política, no contato com o suporte particular que é a capela da Sorbonne rendendo homenagem a Richelieu. O enunciado aderente categoriza seu suporte como "templo", como se se tratasse de um lugar de culto antigo. Uma categorização legitimada pelo fato de a fachada apresentar colunas de estilo coríntio, o tipo de arquitetura religiosa que os romanos antigos privilegiavam. O recurso ao latim e a uma inscrição gravada na pedra parece totalmente natural. Mas esse monumento tem, de fato, duas fachadas: um pórtico de colunas característico da Roma antiga, do Panteão especialmente, e uma fachada barroca que evoca a cúpula do Vaticano da Roma da Contrarreforma católica, movimento que o cardeal Richelieu apoiava ativamente[5]. O latim da inscrição participa da língua dessas duas Romas, que o primeiro-ministro de Luís XIII, indissociavelmente político e homem de Igreja, pretende encarnar. Esse edifício que ele concebeu para ser sua capela funerária se recusa a submeter Paris à Roma papal: ele pretende fazer de Paris a rival daquela Roma, produzindo um monumento compósito, de estilo novo.

Fundador da Academia Francesa, Richelieu pretendia promover o francês a língua do Rei e do Estado. Isso implicava a exclusão dos falares locais dos usos oficiais. Uma política que terá continuidade depois da Revolução Francesa, especialmente com o desenvolvimento da escola laica e obrigatória no final do século XIX, quando se ensinava somente em francês. No entanto, quando se anda hoje pelas ruas do centro histórico de Montpellier, veem-se placas nas quais o nome da rua é seguido de sua tradução occitana. Eis um exemplo:

[5] Ele até publicou em 1621 um catecismo, *l'Instruction du chrétien* [*A instrução do cristão*], amplamente inspirado no do Concílio de Trento.

Em alguns países ou em certas regiões onde a(s) língua(s) oficial(is) só são faladas por uma minoria, a presença de enunciados aderentes escritos em uma língua local pode se explicar pela simples necessidade de eles serem compreendidos pelo conjunto da população. Contudo, no caso da placa de Montpellier, essa explicação não é pertinente: os falantes de occitano são bem pouco numerosos e são francófonos. Se há um lugar em que tal tradução não é funcional, é exatamente esse centro histórico, frequentado por numerosos turistas estrangeiros em visita à região. A escolha de uma tradução não resulta de uma vontade de facilitar a compreensão, ou de uma injunção legal, como seria o caso em um país oficialmente bilíngue. Claramente, a intenção dos que se decidiram por esse enunciado aderente não é ajudar os transeuntes a se localizarem, mas converter essa via em uma rua típica da região, o Languedoc, assim chamada porque aí se fala a "*langue d'oc*", ou seja, o occitano. A vontade política regionalista das autoridades locais converge oportunamente para uma estratégia de *marketing* turístico: quando vê o nome em occitano, o visitante se sente imediatamente deslocado, geográfica e historicamente. A língua não é mais considerada como vestígio do passado, mas como uma prova de autenticidade, marca de uma diferença[6].

Não deixa de chamar a atenção antigos nomes de ruas, ainda visíveis porque gravados em pedra, contemporâneos dos edifícios históricos, estarem em francês e não em occitano. Em outras palavras, essa prática pretende enfatizar vários séculos de política linguística favorável ao francês.

Em certas regiões da França, a justaposição da denominação em francês e em uma língua regional se estende às placas com os nomes das cidades. Um historiador implicante poderia observar que essa prática se aplica até mesmo em zonas em que nunca se falou a língua regional em questão. Mas para as instâncias políticas locais, essa é uma maneira de afirmar seu poder ao lado do poder do Estado e de reforçar sua legitimidade pela criação de um sentimento de pertencimento baseado na diferença: uma separação administrativa é muito mais legítima se puder parecer baseada em uma identidade linguística.

---

[6] Esse fenômeno participa de um movimento mais amplo que Monica Heller (2010) designa como mercantilização das línguas. Essa "mercantilização" se manifesta de duas maneiras diferentes: por meio de competências técnicas (o conhecimento dessa ou daquela língua é mercantilizável em um ou vários mercados), e como signo de autenticidade, valor agregado em uma estratégia de distinção em relação a produtos padronizados.

O suporte ideológico que esses enunciados aderentes em língua regional implicam se alimenta, ao mesmo tempo, das reivindicações regionais e das correntes ecológicas, que convergem para a valorização da "proximidade", dos "circuitos curtos", do "local"... Um século antes, quando outra configuração ideológica prevalecia, essa prática teria sido interpretada como reacionária e contrária ao espírito republicano. O francês não era percebido apenas como a língua do Estado, mas como um idioma dotado de propriedades singulares: uma língua "clara", que permitia lutar contra o "obscurantismo" das populações atrasadas. Um dos fundadores da escola republicana laica e obrigatória, Félix Pécaut, exaltava assim os preceptores que ensinavam em francês nas escolas bascas, longe de Paris, nas montanhas:

> Eles, os valentes mestres, disputam essas inteligências bascas estranhas à linguagem, aos princípios, aos hábitos de pensamento, aos sentimentos morais, nacionais, liberais da França, eles disputam esses crianças de outra raça, de outra tradição, de vida inconsciente e irrefletida, à superstição, à barbárie; eles as levam a pensar, a refletir, a falar[7].

Em tal ambiente ideológico, não se teria acrescentado à inscrição "École communale" ("Escola Municipal") sua tradução em língua regional.

Basta cruzar uma fronteira para as questões serem de naturezas diferentes. Na Bélgica, o conflito não está entre uma língua nacional e as línguas regionais, mas entre duas línguas nacionais, associadas a duas regiões: o francês, à Valônia e o flamengo, a Flandres. Os nomes das cidades estão na língua da região: em Flandres, os nomes de cidades da região francófona são escritos em neerlandês e reciprocamente na Valônia. O que não deixa de embaraçar os estrangeiros de passagem, surpreendidos ante a mesma cidade mudando de nome no interior do mesmo país: por exemplo, *Liège*, que se torna *Luik* em Flandres. Em Montpellier, as autoridades acrescentam um enunciado aderente em occitano sem valor funcional, enquanto o uso belga leva a não providenciar uma tradução que poderia ser útil. Tanto em um caso como no outro, claramente, não é a função prática do enunciado aderente que interessa, mas considerações de ordem política.

---

7 Félix Pécaut, *Quinze ans d'éducation*. Paris: Delagrave, 1902, p. 150.

Não surpreende ver essas tensões recaírem sobre nomes de aglomerações ou de ruas. Produto de sedimentação histórica, traço de um passado mais ou menos longínquo, o significante desses nomes suscita um forte investimento afetivo nos habitantes, que inscrevem neles sua existência cotidiana. Além disso, ele é igualmente submetido a um enquadramento administrativo estrito, imposto de cima, materializado pelos mapas e plantas que servem de fiadores aos endereços ou aos documentos de identidade. Controlar os nomes dos lugares é, ao mesmo tempo, controlar a geografia e a história.

O conflito linguístico na Bélgica entre a Valônia e Flandres favorece o desenvolvimento de um fenômeno que se viu esboçar com o produto para lentes de contato "eye CARE solutions": a intervenção do enunciado aderente em inglês. Durante a crise da Covid-19[8], na porta de um centro de testagem de Bruxelas, cidade oficialmente bilíngue, estava fixado um enunciado em grandes letras: "COVID-19 / TESTING CENTER"; em outro cartaz, em caracteres menores estavam indicações em flamengo e em francês: "Gelieve u an te melden bij het onthaal / Veuillez vous présenter à l'accueil" ("Favor identificar-se na recepção"). O enunciado aderente visualmente mais destacado e o mais importante (já que categoriza o edifício) estava, então, em inglês, enquanto as línguas vernaculares eram utilizadas nas instruções menores. Não por acaso esses enunciados aderentes se encontram em Bruxelas, o centro das querelas linguísticas na Bélgica. Recorrer, então, ao inglês é uma maneira cômoda de não ter de optar entre o francês e o flamengo. E isso mesmo ante o risco de, em um prazo maior ou menor, se estabelecer um forma de diglossia (Ferguson, 1959) em detrimento das línguas vernaculares, favorecida pelo fato de Bruxelas ser a sede das instituições europeias. O inglês seria uma variedade "alta", utilizada em contexto formal, enquanto o flamengo e o francês seriam as variedades "baixas", empregadas principalmente nas conversações familiares.

Não são necessários conflitos políticos desse tipo para ver o inglês surgir no espaço público de países não anglófonos. Especialmente porque, com o desenvolvimento das tecnologias digitais, o espaço público tradicional, os lugares de passagem e de encontro abertos a todos estão hoje potencialmente abertos a "transeuntes" de um tipo particular: os internautas

[8] Disponível em: https://bit.ly/3xTPdhK; acesso em: 19 set. 2022.

de qualquer país que, via internet, têm acesso a esses lugares por meio de fotos ou de vídeos.

Em 6 junho de 2020, em Paris, algumas centenas de pessoas se reuniram diante da Embaixada dos Estados Unidos para denunciar o assassinato de um negro, George Floyd, por um policial branco em Saint-Louis (Missouri, EUA). Muitos manifestantes carregavam cartazes por eles mesmos confeccionados. A imensa maioria desses enunciados aderentes estão em inglês: "Black Lives Matter", "I can't breathe", "Stop Killing"..., todos *slogans* provenientes dos Estados Unidos. O público já não é mais local, é mundial. Trata-se de produzir signos que figurarão em fotografias e vídeos difundidos mundo afora, de mostrar, pela retomada dos *slogans* elaborados nos Estados Unidos, que essa manifestação é um fragmento de outra, que ocorre em escala planetária. O recurso ao inglês se apoia em seu duplo estatuto de língua do país em que se cometeu o assassinato e de língua veicular. Na concentração em favor dos uigures, muito poucos cartazes seriam redigidos em chinês ou em uigur, e nas manifestações organizadas fora do Brasil contra o desmatamento da Amazônia se veem muito poucos cartazes em português, talvez nenhum.

Supera-se uma etapa suplementar quando a manifestação não incide sobre um acontecimento ocorrido não nos Estados Unidos, mas na França. É o que ocorre, por exemplo, com a manifestação em favor de Adama Traoré[9], morto em 2016. A partir de 2020, ao lado dos cartazes em francês ("Pas de justice, pas de paix" / Sem justiça, sem paz", "Le racisme tue / O racismo mata", "Justice pour Adama / Justiça para Adama"...), apareceram "Black Lives Matter" ou "I can't breathe", saídos das manifestações em favor de George Floyd. A vantagem simbólica de tal estratégia é considerável: ela confere um sentido unívoco e universalmente compartilhável à morte de Adama Traoré e legitima os autores das manifestações. Ela tem como efeito também fazer o episódio extrapolar o espaço judiciário e político francês e recategorizá-lo: a manifestação torna-se uma ocorrência de uma Manifestação que transcende os momentos e os lugares, a dos negros que lutam contra a discriminação.

[9] Adama Traoré, oriundo de uma família originária do Mali, foi morto em 19 de julho de 2016 pela guarda de Persan, um bairro parisiense, depois de sua intimação, quando tentava fugir da polícia. Sua morte tomou dimensão política, porque ele se tornou para muitos vítima do racismo e da violência policial. A complexidade do caso aumentou pelo fato de os especialistas médicos se contradizerem sobre as causas da morte.

II

II

Capítulo 1

Um pacote de doces

Vamos começar nosso percurso nos concentrando em um pacote de doces. Essa escolha não deve nada ao acaso. Nos produtos alimentícios de grande distribuição, a densidade de enunciados aderentes é de fato particularmente alta e leva a intervirem diversos agentes, com interesses divergentes. Trata-se, além do mais, de produtos cuja natureza é altamente ambígua: ao mesmo tempo "pacote" e "doces", eles implicam um controle particularmente fechado da relação entre o "continente", o "conteúdo" e os enunciados aderentes.

Problemas de embalagem

Há embalagens e embalagens de guloseimas. Ao lado dos pacotes de chocolate industrial vendidos nos supermercados ou nos quiosques das rodoviárias, há as elegantes caixas de chocolates artesanais cujo conteúdo é cuidadosamente escondido ao olhar, nas quais está escrito o nome do artesão, seguido de "Maître chocolatier" ("mestre chocolateiro"). Os chocolates industriais não podem ter pretensão a esse tipo de embalagem, concebida para uma clientela endinheirada e para uma distribuição local de um produto de consumo imediato. Para aumentar seu valor aos olhos dos consumidores, outras estratégias são desencadeadas. Por exemplo, a que consiste em embalar cada chocolate, acompanhado de seus próprios enunciados aderentes. É o caso dos chocolates Ferrero Rocher: eles vêm arrumados em uma caixa retangular cuja parte superior é transparente e decorada com um enunciado aderente composto de duas rubricas: o nome da marca e um *slogan* em inglês ("The Golden Experience"). Através da embalagem transparente, o consumidor pode ver, cuidadosamente alinhados, grandes chocolates envolvidos em papel dourado nos quais figura uma etiqueta redonda ou oval em que está escrito "FERRERO ROCHER". Essa técnica de dupla embalagem é igualmente utilizada por um grande número de balas ou de chocolates industriais. Nesse caso, pode-se encarar o produto de duas maneiras: como um todo ou como um grupo de elementos. Encarado como um todo, é uma caixa ou um pacote que contém determinado número de elementos da mesma categoria agrupados em uma caixa ou em um pacote. É a caixa ou o pacote que se compra e que se enfileira no armário, mas os chocolates ou as balas são consumidos um a um. As balas podem vir desprovidas de embalagem e de enunciados aderentes, embaladas individualmente, mas sem enunciados aderentes, ou ainda portarem enunciados aderentes e também virem embaladas individualmente. Essa última possibilidade tem como efeito aumentar o valor de cada elemento; e é essa a estratégia escolhida para distinguir os chocolates "Ferrero Rocher", acentuando, além disso, a diferença em relação às guloseimas comuns embrulhadas individualmente, apresentando chocolates maiores envolvidos em papel dourado e categorizando-os como "Rocher", não como "chocolate". Aliás, em "FERRERO ROCHER", o nome "Rocher" está no singular: é preciso dar ao consumidor o sentimento do acesso a uma essência e não a uma coleção de elementos idênticos.

Não se encontra essa mesma tensão entre o individual e o múltiplo na embalagem que vamos examinar agora: um pacote contendo *marshmallows* industriais chamados "chamallows"[1]. Esse nome, criado a partir do

[1] O que estudamos aqui é um pacote que estava à venda na França em muitos lugares em junho de 2020.

inglês “Marshmallow”, é propriedade da empresa alemã Haribo, cujos produtos são vendidos no mundo inteiro. Esses *marshmallows* não são embrulhados individualmente e, como o pacote é parcialmente transparente, o consumidor vê imediatamente que eles formam um agregado de elementos distinguidos só pela cor: rosa ou branco.

A embalagem só tem duas faces, uma frente e um verso:

Essas duas faces, como as do corpo humano, não têm o mesmo valor. A face anterior é a nobre, onde se encontram os enunciados aderentes que o fabricante pretende destacar, enquanto a face posterior está destinada às funções julgadas subalternas. Nas prateleiras das lojas, a anterior é a face voltada para o potencial comprador. No eixo vertical do pacote, outra hierarquia se impõe: a parte superior é mais chamativa que a inferior. *A priori*, a parte mais valorizada da embalagem, a que deve atrair o olhar, é a parte alta da frente, enquanto a menos valorizada é a parte inferior do verso.

No eixo vertical, os que conceberam o pacote distinguiram, além disso, três áreas, sendo a do meio transparente, para os *marshmallows* no interior poderem ser vistos. Cria-se assim uma oposição entre as partes coloridas e a parte transparente intermédia. Na verdade, o *slogan*

("Haribo, é bela a vida... / para os grandes e os pequenos...") começa na parte superior colorida e termina na parte inferior da mesma cor, e as reticências reforçam a continuidade entre os dois constituintes do enunciado. O fato de o nome da marca, em letras maiúsculas, aparecer em letras menores tanto no topo quanto na base entre os braços do menino também reforça a continuidade entre as faixas inferior e superior da frente. Esta distribuição dos enunciados aderentes em nada especifica o pacote, nem mesmo os *chamallows*. Ela se encontra na maior parte das guloseimas vendidas pela Haribo: Goldenbears, Smurfs, Funky Mix etc. Isso permite conferir identidade visual à marca.

A região mais valorizada do suporte, a parte superior da frente, contém o nome da marca, escrito em vermelho vivo e em letras maiúsculas, e o nome do produto ("Chamallows"), em letra mais fina e em escrita minúscula. Logo acima, aparece o *slogan*: "Haribo, é bela a vida para os grandes e os pequenos". Esse *slogan* tem um estatuto privilegiado: é o único enunciado frasal que aparece na frente. As outras sequências de natureza verbal são nomes sem determinante e grupos preposicionais com valor de epíteto ("Para compartilhar", "Sem corante artificial", "Sem glúten"). Essas sequências, que não são sintaticamente autônomas, se apresentam como predicados dos *marshmallows* visíveis por atrás do plástico transparente. O mesmo ocorre com o único grupo nominal com artigo definido ("O original"). Os dois únicos elementos linguísticos referencialmente autônomos seriam o *slogan* e o nome da marca, que se encontra no conjunto de seus produtos.

O interior e o exterior

Os sintagmas preposicionais "Sem glúten" e "Sem corante artificial", decorrentes de uma preocupação sanitária, estão integrados a uma mesma unidade enunciativa graças a um balão que os converteu em enunciados em estilo direto atribuídos a uma pequena personagem, HARIBO. Essas duas informações são muito significativas porque respondem implicitamente a um conjunto difuso de críticas contra a confeitaria industrial, ou a *junk food*, resumido pelos termos "lixo", "porcaria" ou "comida plástica": alimentos de pouco valor nutritivo, muito ricos em lipídios e em glicídios e carregados de aditivos "químicos".

Esses dois grupos regidos por "sem" testemunham a dupla polaridade dos enunciados aderentes presentes na embalagem. Um volta o produto para si mesmo e para a marca, o outro o confronta com um exterior. Essa confrontação aparece de novo, mais discreta, no enunciado "O original", escrito logo abaixo de "Chamallows": "O original" implica a existência de *chamallows* concorrentes, que seriam inautênticos. De fato, como acontece frequentemente no uso, o nome da marca tende a tornar-se o da categoria, "o *marshmallow*", quando o produto tem sucesso.

Quer se trate de produtos concorrentes ou de contradiscurso de ordem sanitária, os enunciados aderentes impressos no pacote se esforçam por capturar a ameaça a seu favor. Certamente, existem outros *marshmallows*, mas os que estão contidos nesse pacote têm um estatuto privilegiado: são os únicos "originais". É certo que o valor nutricional dessas guloseimas é alvo de críticas, mas é a própria marca que, por meio da pequena personagem Haribo, seu mascote, reivindica a exclusão do glúten e dos corantes artificiais.

Essa apropriação do contradiscurso é recente, como se pode ver no pacote que estava à venda alguns meses antes, em agosto de 2019:

No lugar do marcador de dialogismo "sem", só figura o sintagma nominal "Corante de origem natural", simplesmente justaposto à personagem Haribo. Na frente do pacote, existia um enunciado contendo "sem", no caso, "sem glúten", mas ele estava escrito na cor branca sobre marrom no canto superior à direita, local em que, na versão posterior, se lê "Para compartilhar". Ao reagrupar as duas sequências sobre um fundo verde, substituindo "corante de origem natural" por "sem corante artificial", fazendo com que a personagem mascote assuma explicitamente esses enunciados, passa-se do modo defensivo ao modo ofensivo: Haribo não se defende, ele mesmo reivindica uma preocupação ecológica, autenticada pela cor verde.

Essa estratégia se encontra no verso do pacote, onde aparece outro balão cuja forma e cores são idênticas às da frente. Ele foi concebido para dar ao leitor a sensação de que é ainda a personagem Haribo que fala:

> É BOM!BOM SABER:
> ROSA e BRANCO, NATURALMENTE!
> Esses bombons são naturalmente
> coloridos com extratos
> de frutas e plantas.

No plano visual, esse breve texto apresenta uma particularidade: cada uma das três sequências está escrita em um tipo, tamanho e cor distintos. Além disso, uma bipartição é imposta pelos dois pontos localizados no final da primeira sequência, que categorizam as duas seguintes como informações úteis ("Bom! Bom saber"). Essa heterogeneidade é contrabalançada pela submissão do conjunto a uma lógica de tipo poético, no sentido de Jakobson (1963), o eixo sintagmático entrando em tensão com o eixo paradigmático. Isso se vê logo na disposição das linhas, que seguem um padrão métrico estrito, baseado em um corte binário e uma organização que constitui a terceira linha em eixo simétrico: 2 + 3, 3 + 4 / **3 + 5** / 3 + 4, 2 + 3.

> [em verde] BOM!BOM (2) SABER (3)
> [em preto] ROSA E BRANCO (3), NATURALMENTE (4)
> [em rosa] Esses bombons (3) são naturalmente (5)
> coloridos (3) com extratos (4)
> de frutas (2) e plantas (3)

A polissemia do adjetivo "bom" permite misturar três de suas acepções: "bom" como "sadio", "bom" como agradável, "bom" como "útil". O jogo tipográfico com "bom!bom" borra a distinção entre o significante e o significado, o produto e o saber sobre o produto: o "bom saber" (o útil) é um bombom (o agradável). Fusão imaginária que forma uma unidade com a mensagem que a marca pretende passar: o artefato (os *marshmallows* industrialmente coloridos) é em realidade natural, é feito de frutas e de plantas. Vai na mesma direção o fato de o adjetivo "rosa" não poder deixar de ativar o substantivo "rosa" por meio de "plantas", uma associação semântica subliminar válida para a cor da grafia (a sequência que afirma vir a cor rosa de frutas e de plantas é ela própria rosa), a cor dominante do pacote e a dos *marshmallows* visíveis através da embalagem transparente. O rosa estereotipadamente associado à inocência ou à infância e o rosa das flores, da natureza, conjugam assim seus poderes.

A partir disso, compreende-se o papel-chave do advérbio "naturalmente", empregado em duas retomadas em final de linha. Na primeira ocorrência, separado por uma vírgula, funciona ao mesmo tempo como advérbio de frase, parafraseável por "evidentemente" e como um advérbio que afirma o caráter natural, não artificial, do rosa e do branco, as duas cores dos *marshmallows.* Na segunda, é o valor "não artificial" que domina, mas sem excluir o outro: os *chamallows* são "coloridos" por ingredientes naturais, são naturais; até desnecessário dizer que são assim. O emprego de "naturalmente" no sentido de "evidentemente" é o indício discreto da existência de um contradiscurso que se tenta anular: aquele que sublinharia a natureza química das cores do doce. Em vez de refutá-lo, o autor do enunciado aderente faz de conta que o debate não teria ocorrido, como se a questão nem mesmo se pusesse: é da *natureza* da marca Haribo sequer poder considerar serem seus corantes não *naturais.*

Nesse balão implicitamente atribuído à personagem Haribo, vê-se interagirem dois regimes de discurso: o de um desenvolvimento textual clássico, que distingue um título de rubrica (o que é bom saber) e as informações subsequentes, e o de uma organização de tipo poético, que permite fazer passar uma mensagem mais ou menos subliminar. Essa tensão se ressalta particularmente na linha 2 ("Rosa e branco, naturalmente"), apresentada como um *slogan* potencial (binário), uma asserção destacável que resume a conversa. Não se trata de argumentar no sentido tradicional do termo, de defender uma tese contra uma tese oposta com a ajuda de alguns argumentos, mas de encarnar nos significantes a própria tese que se está em vias de desenvolver.

Aqui se torna claro a que ponto os enunciados aderentes (seu sentido e seu significante lexical e gráfico), as cores dos *marshmallows* e as do pacote são indissociáveis. É o que a existência de uma personagem bem visível à direita permite entender: a figurinha rosa em forma de losango, humanização parcial desses *chamallows* entrevistos por trás do plástico transparente. Encontra-se o mesmo procedimento em outro produto campeão da marca Haribo, os doces Tagada, cujos pacotes mostram a cabeça de uma personagem em forma de morango vermelho, ele também associado à sequência "O original". Nos dois casos, o consumidor deve ter a impressão de que é o próprio produto que se autodesigna como "o Original", subvertendo a própria distinção entre conteúdo e embalagem. Como se o enunciado aderente emanasse dos próprios doces, que curto-circuitam assim todas as mediações industriais e comerciais.

O pano de fundo

A confrontação com um exterior discursivo ameaçador aflora nas áreas destacadas do pacote: a face anterior e o alto da face posterior. Mas o fabricante deve igualmente gerir uma tensão de outro tipo: entre os enunciados "reivindicados", os que têm um valor promocional, que valorizam o produto e a marca, e os enunciados "obrigatórios", impostos pela regulamentação e por diversas restrições técnicas. Esses últimos, decorrentes do princípio da realidade, são remetidos à área menos importante do verso e são mais dificilmente legíveis. Essa é uma prática rotineira, vista já em ação no frasco de "solução para lentes", denunciada por numerosas associações de consumidores.

O verso acolhe, portanto, os enunciados aderentes que não dizem respeito ao produto em sua capacidade de dar prazer ao consumidor. Em função dos atores que ele implica, o pacote é apreendido em diversas facetas:

— como produzido por uma empresa identificável, associada a um endereço postal;
— como mercadoria submetida a uma logística, um elemento de um lote numerado e datado;
— como alimento fabricado a partir de ingredientes contendo certa proporção de glicídios, proteínas, gorduras saturadas etc.;
— como alimento acomodável de diversas maneiras;
— como alimento perecível ("Manter ao abrigo do calor e da umidade");

— como produto vendido em uma loja e destinado a passar por um caixa, como indicado pela presença de um código de barras;
— como mercadoria circulante em vários países, como lembra a presença de enunciados em três línguas;
— como embalagem plástica, submetida a regras de indicações de uso e capaz de apresentar riscos (ser engolida por uma criança).

No verso do pacote, a zona de menor destaque não é a parte inferior, mas a central, a transparente. Os enunciados aí se destacam bem menos do que contra um fundo colorido e estão escritos em caracteres menores, que formam unidades compactas redigidas em três línguas (francês, italiano e alemão). É nessa zona central que figura em particular um quadro com "informações nutricionais", dificilmente inteligíveis para um não especialista. No quadro dos valores nutricionais, por exemplo, a coluna vizinha àquela em que figura "Cada 100g" contém a sequência "VD = Valor diário por porção (25g)". Um asterisco em VD remete o leitor a ler uma nota situada abaixo do quadro: "VD: valores diários de referência". Esta definição, por sua vez, é seguida por uma nova sequência definicional: "Valores diários de referência com base em uma dieta de 2.000 kcal ou 8.400 kJ". No pequeno balão ao lado, se vê uma mão aberta, ícone da explicação voltada para o consumidor, com o enunciado: "Uma porção é um pequeno punhado de doces. Neste pacote, há 12 porções". Notável nessa cadeia de sequências é ela pôr em cena um intenso esforço de divulgação que, na verdade, para o leigo não esclarece nada, ao contrário. O esclarecimento é, ao mesmo tempo, uma opacificação. Através dessa névoa didática, percebe-se o conflito de interesses divergentes da marca e das agências responsáveis pela saúde dos consumidores.

Essa mistura de informações faz eco aos procedimentos do contradiscurso. Lembramos que, na frente da embalagem, a personagem Haribo se apresentava como um ecologista engajado. No verso, na parte central do pacote, figura a frase seguinte, bem legível, porque escrita em negrito com caracteres maiores que os utilizados para as informações "técnicas":

> Haribo, que ama os grandes e os pequenos, recomenda manter esse pacote fora do alcance das crianças de menos de 3 anos, porque esses grandes doces moles podem ser perigosos para as bocas pequenas.

Desta vez, a Haribo se choca não com um contradiscurso, mas com a regulamentação, particularmente atenta a tudo o que pode representar perigos para as crianças. Entre todos os enunciados aderentes do pacote, essa é a única frase longa e a única que contém orações subordinadas. A ideia de o pacote de *chamallows* oferecer riscos constitui uma ameaça potencial para a imagem da Haribo, que se apresenta como amiga dos "pequenos", como sublinha a escolha de um personagem infantil como emblema. Em vez de divulgar na frente do pacote, bem visível, uma sequência: "Atenção! Manter esse pacote fora do alcance das crianças de menos de 3 anos!", desloca-se a informação para o verso e se elabora uma frase que visa neutralizar as inferências negativas que uma advertência de valor prescritivo poderia ativar. Para fazer isso, os redatores recorrem a uma relativa explicativa: "Que ama os grandes e os pequenos". Essa construção, com razão, tem chamado a atenção dos analistas do discurso desde os anos 1970 (Ducrot, 1972; Pêcheux, 1975; Henry, 1977). Ela permite, de fato, converter o conteúdo da relativa em um pressuposto, apresentá-lo como apelo lateral a um saber anterior, subtraído a qualquer discussão. E o enunciador da relativa não é o da frase que ele encaixa, mas um "se" anônimo, fiador das verdades estabelecidas.

Em nosso pacote Haribo, o caráter já validado da relativa é reforçado pela retomada do *slogan* da marca, localizado na frente ("...para os grandes e os pequenos"); assim, é a marca que garante a verdade da relativa e da frase que a encaixa. Melhor: a própria enunciação mostra o *ethos* de um enunciador que "ama os pequenos". No plano lexical, isso passa pelo emprego de termos de valor hipocorístico ("grandes doces moles" e "bocas pequenas"), e no plano sintático, por um apoio argumentativo implícito: "SE Haribo recomenda..., é PORQUE ama as crianças". Assim, é o próprio Haribo, e não alguma instância burocrática, que cuida da segurança das crianças.

A empatia assim demonstrada entre a marca Haribo e os "pequenos" é validada pelo fato de ser uma imagem de criança a que lhe serve de mascote. Sob múltiplas variantes, essa personagem figura no conjunto de seus produtos como suporte do enunciado aderente privilegiado que é o nome da marca. Quando não está inscrito em um letreiro que contém a criança, como é o caso de nosso pacote de doces, é impresso em uma camiseta. Esse enunciado, "Haribo", é ambíguo: pode ser lido ao mesmo tempo como uma identificação (o menino mostra que se chama

"Haribo") e como um suporte, correlativo a uma adesão: à maneira de um torcedor, ele exibe seu apoio à marca Haribo. Além disso, a criança é também uma representação do usuário alvo do produto: a marca pode pretender satisfazer ainda mais os desejos das crianças, suas principais consumidoras, porque ela mesma é uma delas, como atestam, aliás, as cores adocicadas dos doces e de sua embalagem.

A despeito de o fabricante poder ser obrigado a dar lugar a pontos de vista que preferiria ignorar, ele mantém o poder de agenciar o pacote e os enunciados aderentes que nele figuram segundo seus melhores interesses. Esse poder só é contestado excepcionalmente: é o caso, como vimos, da imposição nos maços de cigarros de enunciados como "Fumar mata" ou "Fumar provoca câncer no pulmão em 9 em cada 10 fumantes". Vendo seu conteúdo e a austeridade de sua aparência, o consumidor de cigarros deve tomar consciência do conflito entre a marca e um enunciador que ele não tem nenhuma dificuldade em identificar como as autoridades sanitárias. Mas raramente a oposição entre os diversos pontos de vista responsáveis pelos enunciados aderentes é posta em evidência desse modo no mesmo suporte. Em um supermercado, por exemplo, os clientes não percebem os enunciados que a regulamentação impõe — por exemplo, os pequenos letreiros verdes "Saída de emergência" — como exprimindo um ponto de vista em divergência com o ponto de vista do comerciante. Este não tem nenhum interesse em mostrar que não se preocupa com a segurança de seus clientes e, de qualquer forma, são "seus" próprios enunciados aderentes os mais atraentes e visíveis. Por sua vez, os fabricantes de máquinas de lavar prefeririam não ter de fixar etiquetas divulgando o alto consumo de energia elétrica de alguns aparelhos, mas não querem enfatizar com isso que a informação é uma obrigação legal, da qual eles se distanciam. Dar uma informação, mesmo desfavorável à máquina, pode até mesmo lhes conferir um *ethos* de seriedade e de transparência. Assim, os enunciados aderentes que o usuário pode, sem ambiguidade, atribuir à fonte da enunciação divergente são, no fim das contas, bem menos numerosos do que aqueles cuja atribuição é embaralhada.

Capítulo 2

Um apoio ideológico

Agora vamos pensar em suportes que não são mercadorias e que até recentemente não continham enunciados aderentes: uma área gramada, lixeiras. O aparecimento desses enunciados aderentes testemunha uma nova configuração ideológica, na qual as preocupações ecológicas exercem um papel crucial. Já tratamos disso a propósito do enunciado "acácia" no Parque de Vincennes. Sejam eles bancos, lixeiras ou grama, esses suportes pertencem ao que usualmente se chama de "espaços verdes", agenciados para serem investidos em atividades de lazer. Esses lugares se tornaram ideologicamente sensíveis porque neles se põe à prova a relação entre os cidadãos e a entidade comumente designada como "a natureza".

Uma área gramada

O primeiro suporte que vai reter nossa atenção não é um objeto no sentido usual do termo, mas um fragmento do espaço urbano: uma área gramada, estreita e em declive, que se estende entre a beira da estrada e um muro de fortificação do Castelo de Vincennes, na região leste de Paris. Falo "área gramada" de propósito e não "gramado" porque é difícil caminhar por ali, e ninguém imaginaria se sentar para descansar, porque, a alguns metros, a circulação de carros é intensa. Ora, esse ambiente ganha logo um valor inesperado graças a um cartaz fixado na ponta de uma estaca. Pode-se ler nele um texto que se destaca em letras brancas sobre uma fotografia.

Vincennes, 8 de outubro de 2019

CORTE TARDIO = ZONA DE REFÚGIO PARA PROTEGER A NATUREZA

PERMITIR À FLORA E À FAUNA TERMINAREM
SEU CICLO DE DESENVOLVIMENTO PARA SE
REPRODUZIREM E ASSIM PRESERVAR A BIODIVERSIDADE

A foto que serve de fundo mostra uma cena tranquila na qual predomina a cor verde: a associação harmoniosa entre uma casa que parece antiga, gramados, árvores, poucos carros estacionados e algumas pessoas que descansam de suas ocupações. O lugar representado na fotografia, por contrastar fortemente com o ambiente em que figura o letreiro, define implicitamente a norma que justifica sua existência: um mundo urbanizado, certamente, mas que permite à vegetação ocupar todo o espaço que lhe cabe.

Assim que leem esse cartaz, os transeuntes não podem mais perceber esse trecho de relva como um componente insignificante da paisagem. Eles são levados a tomar consciência de que decidir o momento no ano de cortar a grama é uma questão séria, inscrita em uma política conduzida pela instituição encarregada desse espaço, no caso a Prefeitura de Vincennes, cujo nome e cujo brasão figuram no alto do cartaz. Assim se anuncia o *ethos* de uma equipe empenhada em proteger o ambiente, com base em um saber científico, como indica o léxico utilizado: "Fauna", "flora", "ciclo de desenvolvimento", "biodiversidade". A exemplo do banco que revela ser uma "acácia", a extensão de relva ao lado da rua revela um fragmento da natureza, objeto de toda a atenção dos responsáveis, que pensaram na maneira correta de articular os ritmos naturais com o calendário da poda e se deram ao trabalho de fixar o cartaz para informar e educar os transeuntes.

O determinante zero diante de "corte tardio" tem dupla função. Por um lado, serve de operador de relação com um referente contíguo, como é o caso das legendas dos museus ("cerâmica cretense", "cabeça de mulher" etc.); por outro, permite um uso como menção ("X significa Y"); o sinal de equivalência no meio de "*corte tardio* = zona de refúgio para proteger a natureza" pode ser interpretado ao mesmo tempo como paráfrase e como implicação: "Se há um *corte tardio*, então se cria uma zona de refúgio...". Essa implicação invalida outra, que viria espontaneamente à mente dos transeuntes, que relacionariam a grama não cortada ao descuido das autoridades encarregadas dos espaços verdes. O cartaz tem então um objetivo de autojustificação. A isso se junta uma dimensão moral: a solução mais fácil para os serviços da prefeitura seria cortar sistematicamente a grama assim que atingisse um certo tamanho, de forma que os transeuntes pudessem contemplar extensões de grama aparada. Mas esses profissionais souberam resistir à facilidade; fizeram esforços para respeitar a natureza, para não submetê-la aos interesses imediatos dos cidadãos.

Nesse breve texto, todos os verbos estão no infinitivo e seus sujeitos são foneticamente nulos. Isso permite atribuir a seus agentes implícitos ora uma interpretação genérica (é o caso de "permitir" e "proteger"), uma interpretação específica, fornecida pelo contexto (são "a fauna e a flora" que devem "terminar seu ciclo de desenvolvimento" e "se reproduzirem"). Aqui, portanto, os agentes que pertencem à natureza são especificados, enquanto os agentes humanos permanecem indeterminados: todos — inclusive os destinatários do cartaz — são implicitamente chamados a ocupar o lugar vazio de protetores do meio ambiente. O infinitivo "permitir à flora e à fauna..." joga, aliás, em dois planos: de um lado, enuncia um dever ("é preciso permitir..."). De outro, convoca um argumento em favor dessa prescrição.

Gestos limpos

A gestão dos resíduos é o gesto mais simples e mais comum para mostrar que, em matéria de proteção ao meio ambiente, sabe-se resistir à facilidade: não jogar fora nenhum tipo de coisa, separar, reciclar. A foto a seguir mostra uma lixeira constituída de uma tampa azul circular e de um saco removível: ela foi disponibilizada em uma área de piquenique destinada aos turistas que visitam o Pântano de Poitevin[1].

Na tampa azul, está escrito "Férias limpas" em letras brancas; no saco, em uma faixa verde, vê-se "Chega de resíduos selvagens"[2]. É cabível questionar por que *esses* enunciados se encontram *nessa* lixeira — que não tem necessidade deles para cumprir sua função — e por que aqueles que destinam os resíduos nessa zona não se contentaram em colocar uma lixeira, mas julgaram necessário acrescentar a ela enunciados de valor prescritivo: "Chega de resíduos selvagens/sem controle", com todas as características de um *slogan*, "Férias limpas" e "Gestos limpos", nos quais os sintagmas nominais são interpretados como injunções dirigidas aos turistas: nas suas férias, seus gestos têm de ser limpos.

[1] O Pântano de Poitevin é uma vasta zona úmida situada na região Oeste da França que se estende por cerca de 100.000 hectares. Ela é sulcada por canais. É um lugar pitoresco, propício para passeios de barco e bicicleta.

[2] A polissemia do termo "sauvage" (selvagem) se perde em português, porque não usamos a expressão "resíduos selvagens" (ou "lixo selvagem"). Contudo, pareceu de interesse manter a análise baseada nas expressões originais do autor. Ver o interessante efeito de sentido dessa palavra na p. 111 [N. do T.].

A vila de Sèvres; 15 de agosto de 2019

Essa lixeira não tem nada de típico; ela entra no imenso conjunto das lixeiras dispostas no espaço público como portadoras de enunciados aderentes com objetivo ecológico (Behr 2018, 2019). Atualmente, em numerosos países, as lixeiras não são consideradas apenas receptáculos de resíduos, mas suporte legítimo de injunções apoiadas em algumas fórmulas (Krieg-Planque, 2009) maciçamente empregadas: “A poluição”, “o ambiente”, “a proteção/defesa do ambiente”, “o desenvolvimento sustentável”, “o futuro do planeta”... Reciprocamente, apoiando-se nesse vasto interdiscurso, os enunciados aderentes reforçam sua legitimidade.

Mais do que dizer que esses enunciados aderentes “refletem”, “exprimem” uma “ideologia” prévia, é mais adequado também considerar como ideologia as práticas às quais as pessoas se submetem e que dão sentido aos gestos de seu cotidiano. Os enunciados aderentes inscritos nas lixeiras têm o poder de transformar um objeto utilitário em agente de um rito purificador que contribui para “férias limpas”. Por meio da destinação desses resíduos, o turista é posto em cena como agindo em prol da proteção do planeta, como um bom cidadão, membro de uma comunidade moral globalizada. Cada gesto de administração dos resíduos, por mínimo que seja, inscreve-se na tarefa imensa na qual a humanidade deve se engajar.

Além do suporte ideológico no qual se baseiam esses enunciados aderentes, deve-se levar em conta seu suporte institucional. A lixeira do Pântano de Poitevin é apenas um exemplar de um modelo fabricado em série. Para que esse empreendimento seja possível, é necessário alocar verbas, desenhar as lixeiras e seus sacos, controlar sua produção, assegurar sua manutenção e tratar convenientemente os resíduos. De fato, "Férias limpas" e "Gestos limpos" não são apenas enunciados aderentes prescritivos: são também nomes de campanhas nacionais contra os "resíduos sem controle" conduzidas pela associação "Progrès et environnement" (Progresso e Meio Ambiente), fundada em 1971, cuja sede fica em Paris, a mais de 400km dessa área de piquenique. Seu logotipo, no qual predomina o verde, encontra-se, aliás, no alto de um saco de plástico[3].

Em seu *site*, a ONG define assim seus objetivos:

> A associação permite à comunidade dos atores (*cidadãos, empresas, coletividades locais, poderes, agentes públicos e associações*) atuar em conjunto e de forma concreta na prevenção de lixo e resíduos marinhos. Seu sistema completo permite uma ação global e coordenada, composta por uma campanha nacional de comunicação, operações de conscientização e ferramentas operacionais oferecidas às coletividades locais para

[3] "Férias limpas" mudou seu nome em 2017 para se chamar "Gestos limpos-Férias limpas", o que explica o motivo de esses dois enunciados aderentes figurarem na lixeira.

encorajar seus cidadãos a bem descartar — ou seja, a separar — seus resíduos fora do domicílio.

A existência de enunciados aderentes nessa lixeira implica uma nova divisão de responsabilidades: não é mais a comunidade em que se situa essa área de piquenique, nem mesmo o departamento ou a região que assumem o encargo, mas um ator de um novo tipo, uma organização não governamental que se apresenta a si mesma como coordenando diversas instituições, por meio de gêneros de discurso específicos e, especialmente, por uma "parceria" firmada com a Associação dos Prefeitos da França.

Uma lixeira urbana

Agora vamos nos transportar ao Parque de Vincennes, perto, portanto, da zona de "corte tardio" e bem perto do banco no qual se esculpiu o termo "acácia". A gestão desse vasto parque é da alçada da Prefeitura de Paris. As proximidades do lago Daumesnil são altamente frequentadas, por se tratar de uma área próxima a estações de metrô. Ali se encontram grandes lixeiras retangulares de cor cinza e tampa verde, cuja lateral é coberta por um grande adesivo. Nele, entre as imagens de uma raposa, de um esquilo e de um pássaro, à esquerda, e a de uma segunda árvore à direita, pode-se ler o seguinte texto:

Parque de Vincennes, 4 de fevereiro de 2020

EU AMO O PARQUE DE VINCENNES E O LAGO DAUMESNIL!
EU RECOLHO MEUS RESÍDUOS

Paris e seus bosques acolhem perto de 2.000 espécies selvagens, tanto animais como vegetais.
Juntos, ajudemos a proteger a biodiversidade e o ambiente não deixando nossos resíduos na natureza.
Obrigado por utilizarem as cestas a sua disposição ou levarem seus resíduos para sua casa, para separá-los.

Se os turistas que visitam o Pântano de Poitevin são estimulados a realizarem um "gesto limpo" jogando seus resíduos *na* lixeira na qual figura o enunciado aderente, no caso da grande lixeira do parque de Vincennes, a relação entre o enunciado aderente e seu suporte parece muito menos imediata. O texto incita os transeuntes a utilizarem "as cestas" metálicas a sua disposição, e não especificamente *a* grande lixeira na qual ele figura. Estamos, então, diante de uma relação complexa entre o enunciado aderente e seu suporte. O enunciado aderente está fixado em uma lixeira sem dizer respeito especificamente a ela, e sim a um conjunto de lixeiras da área ("Eu amo o parque de Vincennes e o lago Daumesnil"), além da própria área como lugar em que os resíduos podem ser jogados.

A lixeira do Pântano de Poitevin dizia "Chega de resíduos selvagens"; a do Parque de Vincennes defende a preservação de "2.000 espécies selvagens". Por sua polissemia em francês, o adjetivo "selvagem" pode, de fato, ser objeto de avaliações opostas no interior do mesmo discurso. Os resíduos só são selvagens por hipálage: "Resíduos" e "selvagens" seriam de fato incompatíveis semanticamente, sem a existência de um terceiro termo *in absentia*, a saber, os humanos da sociedade de consumo que se comportam como selvagens em relação à natureza. Por outro lado, as "espécies selvagens" são axiologicamente positivas: elas não são contaminadas pelo mundo humano, pertencem plenamente à Natureza. A gestão dos resíduos é exatamente um dos pontos em que a tensão entre natureza e sociedade industrial se faz sentir mais fortemente: gerir bem os resíduos é passar de uma selvageria negativa, a do homem, a uma selvageria positiva, a das "espécies animais e vegetais".

Esse tipo de enunciado com mensagem ecológica contrasta com um tipo mais tradicional: os avisos da "Regulamentação geral dos jardins e dos parques, incluídos os parques de Boulogne et de Vincennes". Inseridos em um quadro metálico, estão dispostos na entrada dos espaços verdes situados nessa jurisdição. Esses textos, de tipografia muito austera, estão escritos com letras pequenas em quatro colunas. Sua função é converter a área na entrada da qual se encontram em um espaço regulamentado, para dar embasamento jurídico a eventuais multas aos contraventores. O preâmbulo é claro a esse respeito: abre-se com um determinante dêitico ("esses espaços verdes") que categoriza o suporte:

> Esses espaços verdes são lugares de caminhada, relaxamento, encontro e liberdade nos quais a fauna e a flora devem ser protegidas, a biodiversidade, preservada e o meio ambiente, respeitado. Além disso, todas as atividades de lazer são aqui bem-vindas, na medida em que se exerçam sem incomodar os demais, sem pôr em risco a segurança e sem degradar a área. O presente regulamento organiza e regulamenta sua utilização. Os agentes de recepção e de supervisão presentes neste jardim ou neste bosque, bem como os outros funcionários públicos nomeados para esse fim, são responsáveis por garantir o cumprimento destas regras.

Um dos artigos do regulamento é consagrado especificamente aos resíduos:

> (...) Para preservar a limpeza das áreas, os detritos devem ser ou levados por quem os produz ou depositados nos receptáculos previstos para esse fim (artigo 6).

Esses avisos regulamentares são muito pouco lidos, como é o caso de numerosos textos do mesmo gênero:

> O que parece óbvio ao senso comum, a saber, que um texto é feito para ser lido, mesmo por poucas pessoas (com exceção dos diários íntimos), deixa de ser verdade em uma situação de trabalho. Textos como instruções, regulamentos, manuais de uso, documentações de máquinas são, de fato, projetados para existir, para deixar sua marca e para darem testemunho. Os funcionários têm mais ou menos consciência de sua existência e podem constituir um recurso em caso de litígio, conflitos ou incidentes. Um redator de memorandos ou de regulamentos se encontra numa situação enunciativa estranha: ele escreve sabendo que nunca será lido, mas deve prestar uma atenção extrema a seus escritos, pois eles podem ter uma função jurídica e virem a se tornar instâncias de recurso (Boutet, Gardin, Lacoste, 1995: 25).

Os enunciados aderentes nas lixeiras, por outro lado, estão lá para serem lidos. A relação entre uma autoridade anônima e um possível contraventor é substituída pelo recurso ao afeto, apoiado por uma doxa. A única forma verbal no imperativo ("levem") está relegada à última linha. A sequência destacada, aquela que figura num cartaz branco ("Eu amo..."), anula imaginariamente a relação de autoridade, fazendo com que o destinatário assuma o projeto recategorizando a prescrição como uma implicação: "SE eu amo... ENTÃO eu...". Seguir as instruções em matéria de resíduos é manifestar amor pela Natureza. Esse apelo ao afeto se encontra também na área de "corte tardio" transformada em "refúgio" para a fauna e a flora, vítimas de uma agressão constante de nossa parte, os habitantes das cidades.

Para extinguir a agressão, seria necessário dissolver a própria oposição entre cidade e natureza. É esse o ideal que aflora no grupo coordenado "Paris e seus parques" ("Paris e seus parques acolhem cerca de 2.000 espécies selvagens, tanto animais quanto vegetais"). Em um primeiro nível, essa coordenação pode ser lida como o chamado de uma realidade de ordem administrativa. A Prefeitura de Paris, de fato, administra não somente os espaços verdes da Paris intramuros, mas também duas vastas extensões arborizadas nas regiões leste (o Parque de Vincennes) e oeste (o Bois de Boulogne), situados fora de seu território. É, aliás, o que sublinha o título "Regulamentação geral dos jardins e parques", quando especifica "*aí compreendidos* os parques de Boulogne e de Vincennes". Mas essa leitura puramente jurídica é insuficiente. A coordenação também permite integrar imaginariamente a Paris esses parques, escritos sem maiúscula inicial. O papel do possessivo "seus" em "Paris e seus parques" não é tanto acrescentar algo a Paris, mas chamar a atenção para um de seus constituintes: "Paris" não designa mais uma cidade, mas uma entidade indivisível que reúne o mundo humano e o mundo natural, ajustando um ao outro, integrando-os harmoniosamente em uma totalidade mais rica. Quando se lê em uma receita do frango Yassa (Senegal) "servir o *frango e seu molho* diretamente sobre o arroz!"[4], essa orientação vem depois de uma fase em que a carne cozinhou lentamente em fogo baixo, produzindo o efeito de "o líquido contido no molho ser quase totalmente absorvido". No mesmo sentido, também se po-

[4] Disponível em: https://bit.ly/3UDXT5B; acesso em: 19 set. 2022.

dem evocar os cardápios dos restaurantes: "Salmão e *seu* molho ácido", "verrine de maçãs em *sua* calda de caramelo"[5]... Trata-se de distinguir duas entidades e, no mesmo movimento, apagar o que as distingue para integrá-las em uma unidade na qual uma é apropriada pela outra.

A divergência entre a "Regulamentação geral dos jardins e dos parques" e os textos sobre a lixeira se manifesta igualmente no contraste entre um texto sem imagens e um texto no qual o icônico e o verbal são indissociáveis. Localizado na parte superior de uma extensão de grama e enquadrado por árvores e animais, o texto na lixeira se destaca em letras brancas sobre um fundo marrom, evocando imediatamente a terra. O adesivo objetiva cobrir o cinza e o verde do plástico desse artefato industrial que é a lixeira com rodinhas, assim como Paris contesta, pela proteção das "espécies selvagens", "animais e vegetais", seu caráter puramente urbano.

Essa é uma dificuldade com a qual se defrontam os responsáveis por um grande número de enunciados aderentes. Quando se trata de um enunciado com objetivo ecológico, a materialidade de sua relação com seu suporte não pode ser ignorada: como gerir a tensão entre o caráter de artefato do suporte e os enunciados aderentes cujo conteúdo rejeita os artefatos? O suporte mediador de "corte tardio" faz isso de duas maneiras: pregando o letreiro em uma estaca de madeira e destacando o texto sobre a imagem na qual predomina a vegetação. Como se fosse necessário eufemizar o surgimento desse cartaz na grama, a cicatriz que ele introduz no tecido da natureza. A tensão é ainda mais frágil na inscrição "acácia", grosseiramente esculpida. De certo modo, ela se incorpora à madeira do banco. O enunciado aderente não pode se limitar a dizer algo sobre o mundo; ele deve também gerir sua presença no mundo, e, em particular, as condições materiais de adesão a seu suporte.

[5] Esse uso do possessivo "seu" não existe nos cardápios brasileiros. Ele está mantido para não se perder a exemplificação do autor [N. do T.].

Capítulo 3

Os portadores

Estejam escritos em pacotes de doces ou em lixeiras, os enunciados aderentes que abordamos foram inscritos por humanos em objetos inanimados, mas nada impede que um humano transforme a si mesmo em suporte de enunciados aderentes, ou por escolha própria, ou por imposição. Se se tratar de uma escolha, estamos diante do que poderíamos chamar de um *suportador*, termo em que se associam "portador" e "suportar", adesão física e adesão pessoal. Se o enunciado aderente é imposto, estamos diante de um simples *portador*, obrigado a exibir determinados enunciados por pertencer a alguma organização.

Esse "pertencimento" e essa "organização" podem remeter a situações muito variadas. O funcionário de um supermercado que porta em seu colete "Posso ajudar?" ou um bombeiro cujo uniforme é marcado com a etiqueta "bombeiros" não é o prisioneiro estadunidense cujo uniforme alaranjado exibe um número de matrícula e, nas costas, o número da prisão, nem o mau aluno de antigamente no qual se fixavam enunciados aderentes como “Trapaceiro”, “Burro” ou “Mentiroso”. Os funcionários são portadores que poderíamos chamar de *contratuais*: os enunciados aderentes não lhes dizem pessoalmente respeito, mas apenas enquanto membros de uma organização. Os outros são *assujeitados* a enunciados aderentes depreciativos que os implicam pessoalmente: a caixa de supermercado ou o bombeiro exercem papéis, enquanto o condenado ou o aluno punido carregam enunciados aderentes por serem culpados e, por essa razão, empurrados para as margens da comunidade.

Afixar no corpo um enunciado aderente de suportador não tem nada de anódino. O fato de exibir um enunciado aderente em um corpo é fundamentalmente ambivalente. Em 2020, uma campanha de cartazes conduzida pelo Secours Populaire Français[1] mostrava um foto em preto e branco do rosto de uma garotinha; em sua testa estava colado um retângulo de papel amarelo no qual estava escrito “pobre”. Esse papel era a única mancha colorida no pôster. O comentário impresso na porção superior da foto era: “Não a rotulem para sempre”.

A importância dada à cor amarela parece destinada a ativar a memória da estrela amarela que os judeus eram obrigados a portar durante a ocupação da França pelos nazistas. Mas, independentemente dessa remissão a uma história trágica, o cartaz transforma em imagem a locução “pregar um rótulo em alguém”, que é sempre pejorativa. O rótulo, para retomar a célebre fórmula de Bergson sobre o cômico, é de fato “o mecânico sobreposto ao vivo”, um gesto cujo caráter desvalorizador aumenta quando a categoria imposta é negativa.

Carimbos, pulseiras e crachás

Ao lado dos “portadores” que pertencem de maneira estável a uma organização, há os transitórios. Na França, há alguns anos, nos bailes no interior, o controle das entradas era feito pela inscrição de um enunciado aderente na mão com um carimbo. Essa marca, que permitia entrar e sair para ir ao bar ou aos banheiros, devia ser suficientemente duradoura

[1] O Secours Populaire Français é uma organização francesa sem fins lucrativos fundada em 1945, dedicada ao combate à pobreza e à discriminação na vida pública.

para ser legível enquanto durasse o baile[2]. Em sentido estrito, o baile não é uma organização; não passa de um agrupamento fugaz de indivíduos que se desfaz depois de algumas horas.

Encontramos certos aspectos do baile quando um participante exibe um crachá que poderia ser considerado "ocasional": por exemplo, nos colóquios científicos que reúnem indivíduos durante um período limitado. O fato de todos os participantes carregarem um crachá idêntico facilita o intercâmbio (cada um se põe virtualmente à disposição de todos) e permite exibir uma certa igualdade. Mas, nesse tipo de agrupamento, os portadores, apesar de transitórios, pertencem à mesma comunidade profissional, ocupam posições bem definidas, levadas em conta tanto nas interações pessoais quanto nas atividades coletivas. De fato, se o enunciado aderente usado para os bailes se contentava em situar o portador na categoria das pessoas que pagaram entrada, os crachás de colóquios, por sua vez, indicam o nome do pesquisador e a instituição universitária ou o centro de pesquisa ao qual está ligado.

Há igualmente portadores transitórios que não são nem funcionários de uma empresa, nem participantes de um agrupamento efêmero. Nos estabelecimentos hospitalares, prende-se nos braços dos recém-nascidos uma pulseira que indica com tinta indelével seu sobrenome, seu nome, sua data de nascimento e sexo. A intenção confessa é evitar a troca das crianças, um dos grandes medos dos pais. Aqui, o termo "apropriação" adquire toda a sua força: a família pretende se *apropriar*, tornar seu um ser cujo pertencimento ao grupo, precisamente, é ainda muito frágil. O bebê passou brutalmente de uma situação de apropriação absoluta, no ventre de sua mãe, a uma situação de separação, e o enunciado aderente funciona como um cordão simbólico que religa o que foi separado de um corpo a uma família e a um registro civil.

Diferentemente das tatuagens ou das escarificações com as quais certas populações marcam o pertencimento de um indivíduo a seu grupo, esse enunciado aderente é transitório: a pulseira permite superar o período crítico entre a gestação e a integração à casa dos pais. Mas esse intervalo

[2] Esse sistema era às vezes driblado por fraudadores que tentavam imitar esses enunciados aderentes, o que obrigava os organizadores a utilizar carimbos cada vez mais sofisticados.

só existe porque, atualmente, as mães — quando as condições socioeconômicas permitem — dão à luz no hospital, e não em casa.

O bracelete dos recém-nascidos deriva de um dispositivo mais amplo que certos especialistas em saúde chamam de "vigilância de identidade", que visa prevenir os perigos ligados a uma identificação equivocada durante sua internação no hospital, especialmente quando os bebês entram ou quando são transferidos de um serviço a outro. Essa preocupação levou a administração a colocar pulseiras em pacientes que se encontravam incapacitados, temporariamente ou não, de informar sua identidade, por terem recebido anestesia geral, por falarem uma língua desconhecida dos cuidadores, por estarem dementes ou padecerem do mal de Alzheimer. Mas essa prática estendeu-se progressivamente a um grande número de pacientes que não sofrem de nenhuma dessas incapacidades comunicacionais.

De fato, as pulseiras permitem transformar um indivíduo, com suas propriedades psicológicas e sociais singulares, em um elemento da máquina hospitalar. O paciente tem efetivamente uma dupla natureza: é uma pessoa que tem um nome próprio, com o qual se pode dialogar, mas é também um corpo doente que tem uma história médica e está ali para receber determinados tratamentos. A pulseira diz respeito apenas ao indivíduo como um corpo submetido a tratamentos. Certas rubricas são legíveis para todo mundo (o sobrenome, o nome, a data de nascimento, o sexo, a data da cirurgia...), mas outras são opacas para quem é alheio à instituição. A presença sistemática de um código de barras implica, de fato, que certos agentes dispõem do leitor que lhes permite ter acesso ao prontuário médico do interessado. A gestão desse tipo de pulseira não pode, por isso, ser feita sem um equipamento adequado de informática, com tudo o que isso implica em termos de redistribuição das tarefas e de recategorização dos agentes.

As forças da ordem

Visto se tratar de indivíduos que dispõem, por seu *status*, de um poder de coerção em relação a seus concidadãos, o controle dos enunciados aderentes pelos poderes públicos torna-se particularmente estrito. Na França[3], os agentes de segurança à paisana devem exibir pelo menos

[3] Disponível em: https://bit.ly/3rtyluo; acesso em: 19 set. 2022.

dois enunciados aderentes bem visíveis que indiquem o nome ou a sigla da empresa para a qual trabalham. Eles são proibidos de portar apenas um crachá ou uma braçadeira na qual se leia "SEGURANÇA". Deve ser possível vinculá-los a uma entidade simultaneamente responsável e claramente distinta da polícia[4].

No âmbito da polícia, a regulamentação é mais estrita. Para os agentes uniformizados, as coisas são simples: os enunciados aderentes fazem parte de sua indumentária. Elas são menos simples para os policiais que nunca usam uniforme ou que costumam usá-lo, mas que, para realizar algumas missões, não exibem signos que permitam identificá-los. O que não deixa de abrir a possibilidade de múltiplos contenciosos. Quando se lê na imprensa a manchete: "Policial à paisana espancado por acionar a giroflex"[5] nos vemos diante de uma dupla ambiguidade referencial: a expressão nominal "policial à paisana" refere-se a um policial sempre vestido como um civil ou a um policial que não estava em serviço? Refere-se a um indivíduo que o agressor sabe ser um policial ou a um indivíduo que o jornalista sabe que é policial?

Dado que o *status* de policial confere poderes dos quais os demais cidadãos são desprovidos, usurpar a identidade de um policial é delito grave. Um exemplo é o que na França se chamou "o caso Benalla"[6], uma verdadeira questão de Estado desencadeada por um enunciado aderente banal: uma braçadeira de "POLÍCIA" foi usada, durante manifestações em Paris do dia 1º de maio de 2018, por alguém que não tinha *status* de policial. Se Alexandre Benalla não tivesse usado a braçadeira para agredir manifestantes, "o caso Benalla" não teria ocorrido. Foi o enunciado que provocou tudo.

Esse tipo de problema tem menos risco de ocorrer quando o policial está uniformizado. Na França, o uniforme de serviço comum da polícia com-

---

4 Disponível em: https://bit.ly/3C9wT6O; acesso em: 20 jan. 2021.

5 Disponível em: https://bit.ly/3fb0FlO; acesso em: 19 set. 2022.

6 Alexandre Benalla era um dos responsáveis pela segurança do Presidente Macron, cuja guarda pessoal ele assumiu, particularmente sua vida privada. Quando houve uma manifestação no dia 1º de maio de 2018, em Paris, ele usurpou a função de policial e atacou uma dupla de manifestantes que atiravam objetos nas forças policiais. Quando o caso foi revelado pela imprensa, a Presidência da República afirmou que ele havia sido suspenso por 15 dias. Na realidade, essa suspensão não foi acompanhada de nenhuma perda salarial e nenhum processo judiciário foi aberto contra Benalla até a imprensa se ocupar do caso.

porta diversos enunciados aderentes: nas costas, em letras grandes, está escrito "POLÍCIA", na manga, "POLÍCIA NACIONAL – SEGURANÇA PÚBLICA", no bolso direito da jaqueta e no quepe se lê de novo "POLÍCIA". Há, portanto, quatro ocorrências de "Polícia" e uma de "Segurança Pública", isto é, da entidade administrativa que reúne polícia local, polícia nacional e polícia alfandegária.

O fato de o termo "Polícia" designar um referente contíguo, no caso, a pessoa que é seu suporte, cria problemas semânticos particulares. Como sublinha Bosredon, nesse tipo de situação, a sequência [determinante zero + substantivo] implica duas operações: "(1) Ø é a marca de um operador indexical de *presentificação*: na situação semiótica de legendagem, esse operador atesta a presença do objeto (...). (2) S exprime uma operação de categorização S" (1997: 63). Mas "Polícia" no uniforme não tem o mesmo funcionamento de "escultura grega (século VI)" ao lado de uma obra em um museu. "Polícia" não é empregado como substantivo discreto (como "funcionário" ou "policial"), nem como substantivo não contável (como "manteiga", "água"...) ou substantivo compacto (como "frescor", "brancura"...). É um nome coletivo de tipo particular, diferente de substantivos como "matilha", "multidão", "enxame"... que podem ser precedidos pelo determinante indefinido "um(a)". Podemos, de fato, designar uma matilha particular agrupada diante de nós ou um enxame pousado em uma árvore. Mas com "polícia", o único determinante possível é "a". De fato, não se trata de policiais particulares que interpelam um contraventor, mas "da polícia". No momento em que os policiais intervêm, aceita-se que se autocategorizem gritando "Polícia", e essa enunciação tem um valor performativo: é crime resistir aos que dizem "Polícia" e exibem as insígnias correspondentes.

Da mesma forma que todo juiz age em nome "da Justiça", todo portador do enunciado aderente "POLÍCIA" se atribui o conjunto de poderes ligados a essa entidade sem rosto que é "a polícia", una e indivisível, a encarnação da "segurança pública". Mas há uma diferença entre um magistrado e um policial. Mesmo quando não está vestindo a toga e conduzindo um processo, o juiz dispõe de um ambiente específico para mostrar seu estatuto e exercer sua autoridade: ele trabalha em uma sala vinculada ao poder judiciário. Mas o policial, que pode estar em qualquer lugar em contato com a população, é obrigado a multiplicar em seu corpo os signos que lhe conferem seus poderes. Por sua visibilidade ostensiva, esses enunciados aderentes contribuem para estabilizar em todos os contextos o pertencimento de seu portador à "polícia".

Todo policial encarna a polícia, mas é também um cidadão submetido à lei e que deve ser identificável. Na França, a solução escolhida desde 1º de janeiro de 2014 é obrigar os policiais a portarem um número de sete dígitos: impresso em uma faixa fosforescente, ele deve ser visível também à noite[7]. Um nome próprio designa um indivíduo de maneira rígida, com todas as propriedades ligadas a sua pessoa desde seu nascimento; o número de matrícula, no entanto, é um elemento de um registro administrativo; ele só apreende o indivíduo na medida em que ele é representante da "polícia", a única a dispor dos meios que permitem ligar um número de sete dígitos a uma pessoa. Os policiais não devem ser percebidos como simples cidadãos, identificados por um nome próprio, mas como membros de uma instituição. Assim, correm menos riscos de serem vítimas de eventuais represálias.

Essa tensão potencial entre o indivíduo em sua singularidade biográfica e o indivíduo enquanto membro da polícia se manifesta com força particular se o policial decide exibir em seu uniforme enunciados aderentes que exprimam suas convicções pessoais, das quais se torna então "suportador". Na França, o regulamento impede, por isso, a presença no uniforme de qualquer signo que marque afiliação a um partido político, sindicato ou religião... Em maio de 2018, o jornal *Libération*[8] não deixou passar em branco uma foto que mostrava um guarda exibindo em seu uniforme o aforisma grego "Μολων λαβε"[9] (*Molon labe*), em grande voga entre os ativistas pró-armas nos EUA.

Do lado das empresas

A tensão entre a posição de suportador e a de portador contratual não diz respeito apenas à polícia: o problema surge com maior ou menor intensidade no mundo das empresas sempre que coexistem no mesmo corpo

[7] Essas disposições decorrem do artigo R434-15 do Código da segurança interior, criada pelo decreto de 4 de dezembro de 2013.

[8] Disponível em: https://bit.ly/3dFau85; acesso em: 19 set. 2022.

[9] Essa frase significa "Venha pegar". Ela é citada por Plutarco, que a atribui ao rei Leônidas. É uma resposta dos espartanos ao rei dos persas, Xerxes, que, na batalha das Termópilas, lhes pediu para depor as armas.

enunciados aderentes que marcam o pertencimento à empresa e outros que lhe são estranhos. Por exemplo, se no uniforme de um atendente de um *fast-food* figuram enunciados aderentes feministas. O problema pode ocorrer mesmo quando os funcionários não usam uniforme e mesmo quando não têm contato com o público. Na realidade, nesse caso, o conteúdo dos enunciados aderentes exerce um papel determinante. A atitude do fabricante de pneus Goodyear, durante a campanha presidencial americana, é reveladora nesse sentido.

> "*Não comprem pneus Goodyear*", tuitou Donald Trump. A razão de sua cólera: "*Eles proibiram o uso dos bonés MAGA*", o acrônimo de "*Make America Great Again*" (*Faça a América grande de novo*), *slogan* do presidente durante sua última campanha.
> Uma foto, que parece tirada durante uma reunião interna, circulou amplamente nas redes sociais. Ela mostra uma apresentação que indica quais mensagens podem ou não ser exibidas pelos funcionários em seu local de trabalho. Na categoria "*aceitável*": Black Lives Matter (BLM) (*Vidas negras importam*) e mensagens LGBT. Por outro lado, são considerados inaceitáveis os *slogans* Blue Lives Matter (movimento de apoio à polícia) e All Lives Matter (*Todas as vidas importam*, utilizado pelos apoiadores de Donald Trump em oposição ao movimento BLM), bem como camisetas que portassem o *slogan* de Donald Trump MAGA e qualquer outra exibição de uma opinião política[10].

Na Goodyear, essas orientações aos funcionários são justificadas pela obrigação "de não declarar no local de trabalho sua posição política, seja ela qual for"[11]. Mas, como o exemplo mostra, é muito difícil estabelecer uma clara fronteira entre os enunciados aderentes que seriam de natureza política e os que não seriam. A empresa leva em consideração o estado da opinião pública em determinado momento para tomar as decisões mais favoráveis a sua imagem.

Dificuldades também podem surgir com os enunciados aderentes que a empresa impõe a seu pessoal: na França, o artigo L1321-3 do Código do Trabalho estipula que o uniforme que um empregador pode exigir deve ser justificado pela natureza da tarefa a ser realizada e proporcional ao objetivo desejado. Pode-se considerar que é também o caso, por

---

[10] Disponível em: https://bit.ly/3ClymXT; acesso em: 19 set. 2022.

[11] *Ibidem.*

exemplo, de um estabelecimento hospitalar. A maior parte dos crachás de diversas cores com os nomes — em geral associados a roupas diferentes — dos médicos, enfermeiros e voluntários tem um papel essencial: a cada tipo de crachá correspondem tarefas e responsabilidades específicas. Assim, os pacientes sabem imediatamente a quem se dirigir. Sobretudo nas empresas comerciais, os contenciosos podem surgir. É essencialmente aos funcionários em contato direto com o público que se impõem certos enunciados aderentes, eventualmente associados a um uniforme. Quando se sobe na hierarquia da empresa, esses enunciados aderentes tendem a desaparecer. Aqui o enunciado aderente funciona também como marcador de posição hierárquica. Os enunciados aderentes que os funcionários podem portar são de diversos tipos. Pode ser um crachá plastificado com o nome e sobrenome da pessoa ou sua função ("Caixa", "Segurança" etc.), ou ainda enunciados inscritos diretamente nas roupas quando o empregado usa um uniforme completo ou um colete sobre a roupa: o nome e o logotipo da empresa, eventualmente um *slogan* (por exemplo, no McDonald's, nos EUA, "i'm lovin' it").

O nome no crachá pode ser uma sequência [nome + sobrenome] ou, como ocorre em muitas casas de comércio, reduzir-se ao nome, que não se destina a ser usado na conversação: em geral os clientes se dirigem aos vendedores dizendo "*senhora*" ou "*senhor*", em vez "Paulo" ou "Nádia"[12]. Mas, do ponto de vista do gerenciamento, essa prática visa dar ao cliente um sentimento de maior proximidade. Diferentemente do sobrenome, que tem a ver com o espaço público e distingue as famílias umas das outras, o nome tem a ver com a vida privada; não é imposto por lei, mas escolhido pelos pais.

O comércio não está ligado à esfera íntima, mas, pelo uso do nome, produz-se no imaginário uma recategorização da loja como uma família e da relação comercial com o cliente como um serviço prestado a uma pessoa próxima. O apagamento do sobrenome para favorecer o nome facilita, além disso, a apropriação dos funcionários pela empresa: eles não são apreendidos como indivíduos socialmente autônomos (é o caso quando se emprega tanto o nome quanto o sobrenome), mas como membros da

[12] No Brasil, reina maior informalidade nos contatos entre clientes e vendedores: os clientes em geral são tratados de *senhor/senhora*, enquanto os vendedores são habitualmente tratados por *você*. Além disso, o uso do nome é bem comum.

família ampliada que seria a empresa. Assim como no interior de uma família se distinguem as crianças pelo nome, na empresa, o sobrenome é implicitamente o nome da própria empresa, partilhado por todos. Essa prática tem, entretanto, uma vantagem para os funcionários. Ao exibir apenas o nome, eles nunca dão a conhecer sua identidade social; seu nome é, de certa forma, o nome de uma personagem representada enquanto exercem sua atividade profissional. Assim que deixam o trabalho, deixam de ser "Nádia" ou "Paulo". Aliás, podem colocar no crachá um nome diferente do que usam fora do trabalho. É uma forma de jogar com a obrigação.

Basta mudar de empresa, passar do mundo do comércio ao dos bancos ou ao serviço público para observar uma gestão bem distinta dos enunciados aderentes. Os bancários em contato direto com os correntistas e o público em geral não usam uniforme e seu crachá (ou sua placa na mesa) inclui não apenas o nome, mas também o sobrenome. O cliente só pode confiar seu dinheiro a um indivíduo responsável, socialmente identificável, dotado de um nome próprio. Por sua vez, se espera dos funcionários em contato direto com o público que portem um crachá ou tenham perto de si uma placa com nome e sobrenome. Não se trata aqui de criar uma relação de intimidade que favoreça uma transação comercial; essa prática recente se destina a tornar menos impessoal a relação com a administração. O anonimato ou o número de matrícula não assentam bem à imagem de um "serviço público" próximo dos "usuários". Os poderes públicos procuram diminuir a assimetria estrutural entre os dois parceiros da troca.

Diferentemente do suportador, do portador contratado que trabalha em uma empresa se espera que carregue enunciados aderentes correspondentes, não por convicção, mas por contrato. Mas, na cabeça dos que concebem esses enunciados aderentes, qualquer portador deveria ser também um suportador dos valores que a empresa pretende promover: a caixa de supermercado que exibe "Posso ajudar?" deve ser amável com os clientes, encarnar a amabilidade da marca cujos signos exibe. Certas empresas oficializam, por meio dos enunciados aderentes, a distinção entre o simples pertencimento e a plena adesão aos valores. A construtora Bouygues Construction, por exemplo, fundou em 1963 uma "Ordem do Minorange" que deveria reunir a elite de seus trabalhadores.

Seus membros, "os companheiros do Minorange", usam um blusão laranja em cujas costas está escrito

MINORANGE
O saber ser

Nos *sites* da empresa, uma epígrafe descreve assim essa "Ordem":

> Os companheiros do Minorange são os fiadores de uma competência, de um saber ser, mas são também motores da transmissão do saber junto aos jovens e do orgulho de pertencer à empresa e à Ordem[13].

Distinguindo assim por um uniforme e por enunciados aderentes específicos uma minoria de funcionários como detentores de um "saber ser", a empresa reconhece implicitamente que os empregados comuns não são espontaneamente providos desse saber, que há uma diferença entre signos de pertencimento e adesão pessoal.

Um uniforme que não é uniforme

Em uma empresa comum, a relação de forças entre a organização e seus membros é fortemente desequilibrada: os portadores não tiram nenhum proveito de seus enunciados aderentes, a não ser o salário. As coisas são mais complexas para os enunciados aderentes inscritos nas camisas de uma equipe esportiva profissional, sobretudo as de grande prestígio.

Os jogadores dos grandes times de fato aumentam sua reputação ao vestirem o uniforme do clube. Aliás, diferentemente dos uniformes habituais, cujo uso se limita às atividades profissionais, essas camisas são usadas não somente pelos jogadores, mas também por praticantes não profissionais do mesmo esporte (as crianças que jogam futebol ou basquete exibem a camisa dos clubes pelos quais torcem ou a de um jogador famoso), e até por pessoas que a usam fora de qualquer atividade esportiva, para mostrar que torcem pelo time ou simplesmente como acessório de moda.

---

13 Essa citação é assinada pelo secretário da Ordem dos Compagnons du Minorange de Bouygues Bâtiment Ile-de-France et Bouygues Construction Matériel (disponível em: https://bit.ly/3rfPFmt; acesso em: 19 set. 2022).

Embora, de certos pontos de vista, os jogadores de um time possam ser considerados como assalariados que usam um uniforme em sua atividade profissional, sua situação difere da dos empregados de um *fast-food*. Uma camisa na qual estão escritos o nome do clube, o de seus patrocinadores e o do jogador não está de fato associada a práticas prosaicas, como é o caso das empresas comuns (vender hambúrgueres e fritas, consertar elevadores, vender refrigerantes etc.), mas a rituais que conferem um sentimento de transcendência. Os que exibem na rua a camisa de um clube ou da seleção nacional participam de sua aura, e com isso contribuem para aumentá-la.

Por sua vez, as marcas que exibem seu nome em uma camisa não escolhem esse suporte apenas pela visibilidade. A metáfora esportiva é, de toda maneira, consubstancial à empresa moderna, em suas duas variantes: a individual e a coletiva. Individual porque o empreendedor modelo é representado como um esportista que supera seus concorrentes por trabalhar bastante e ter uma boa visão do jogo; mas também coletiva, porque a empresa só pode se sair bem se for "uma equipe unida", voltada para um objetivo comum. No imaginário, por meio do PSG, há também uma equipe que ganha, a do patrocinador da temporada 2020-2021, o "ALL Grupo Accor".

A camisa dos jogadores do clube francês mais famoso, o Paris Saint-Germain (PSG), comporta diversos enunciados aderentes[14]: nas costas, se pode ver um número e o nome do jogador; no peito, a marca do patrocinador do uniforme, o distintivo circular do PSG (uma Torre Eiffel de cor laranja associada a "Paris Saint-Germain") e o nome dos patrocinadores, que variam em função dos contratos assinados pelo clube. A camisa acumula, de fato, o *status* de uniforme imposto por uma empresa e o de vetor de publicidade de uma marca que compra um espaço publicitário privilegiado: um corpo humano, ao mesmo tempo, claramente visível e altamente valorizado. Na realidade, embora o jogador seja um vetor de publicidade, ele não é um homem ou uma mulher "sanduíche". Aqui os enunciados aderentes propriamente publicitários são apenas um dos componentes de um manto reservado a práticas quase sagradas, separadas do mundo profano. O mesmo vale, aliás, para as camisas tidas como elementos de ritos

[14] Para simplificar, trato apenas do "primeiro" uniforme, ou seja, do que é usado nas partidas jogadas em casa.

religiosos: se são trocadas, suscitam reações entre os fiéis. Quando, em maio de 2021, os torcedores do PSG souberam que os dirigentes do clube tinham decidido mudar as cores das camisas, ficaram enfurecidos e anunciaram ações de protesto. Seu comunicado é inequívoco:

> Somos visceralmente ligados a nossas cores, ao primeiro uniforme chamado Hetcher, e ao segundo uniforme, branco com faixas verticais vermelhas e azuis... Acreditamos que a identidade de um clube passa pelo respeito a suas cores tradicionais, que o fazem ser reconhecido entre mil. Não fazemos isso pelo *marketing*, mas sabemos que esse respeito é necessário a uma instituição forte. Sonhamos em ver nossos jogadores ganhando numerosos títulos vestidos com as cores que fazem nossos corações baterem[15].

Se o clube lucra com a reputação do jogador, este lucra com o capital simbólico acumulado pelo time. Para ter sucesso, ser mais visível e ganhar mais dinheiro, o jogador deve jogar em um time de prestígio que, por sua vez, só pode ter prestígio contratando grandes jogadores.

O nome escrito na camisa é, assim, revelador de uma dupla apropriação. O clube se apropria do jogador ao inscrever seu nome na camisa que lhe impõe, mas o jogador também se apropria da camisa exibindo seu nome num lugar que aumenta seu valor. Oficialmente, o nome escrito nas costas em letras maiúsculas tem uma função utilitária: identificar cada membro do time. Na realidade, funciona também como uma marca, a do jogador, cujo valor varia. Como se trata de uma marca, não é necessariamente o nome que figura na certidão de nascimento que é pertinente, mas o que circula nas mídias. Na camisa do jogador da seleção portuguesa Cristiano Ronaldo dos Santos Aveiro, está escrito "Ronaldo", ou seja, um de seus nomes; na do veterano brasileiro Ronaldo de Assis Moreira, estava escrito "Ronaldinho".

Os números escritos nas costas dos jogadores passam por uma evolução que vai no mesmo sentido. Durante muito tempo, não havia nenhum número nas camisas. Em 1939, a Federação Inglesa impôs números de 1 a 11 aos dois times, em função das posições ocupadas pelos jogadores: 1 para o goleiro, 2 para o lateral direito, 3 para o lateral esquerdo etc. Mas, desde

---

[15] Disponível em: https://bit.ly/3DZrXCG; acesso em: 19 set. 2022.

os anos 1950, a FIFA admitiu não ser necessário haver correspondência entre os números e as posições, com a condição, evidentemente, de que dois jogadores do mesmo time não usassem o mesmo número. Desde então, o número muda de estatuto: pode tornar-se um marcador de identidade comercial do jogador. O exemplo emblemático dessa evolução é Cristiano Ronaldo, que integrou seu número ao próprio nome, tornando-se a marca "CR7". Como resultado desse processo, o CR7 acabou inscrito em muitos produtos (perfumes, roupas etc.) que supostamente conferem aos consumidores algo do *ethos* que anima aquele que serve de suporte ao enunciado aderente "CR7".

Em matéria de enunciados aderentes nas camisetas, no entanto, as regras não são ditadas nem pelos jogadores nem pelos clubes, mas por um terceiro invisível: a Federação nacional e, além dela, a FIFA, que fixam normas bastante precisas sobre o assunto: quais enunciados aderentes podem ser apostos, em quais formatos e onde. Portanto, a situação é diferente da das empresas, que não têm outra instância reguladora acima de si, exceto o Código do Trabalho, cujas regras, necessariamente vagas, deixam uma margem de interpretação considerável. A própria Federação nacional é um coletivo no qual estão representados os interesses de atores muito diferentes: os presidentes das Federações estaduais, os clubes profissionais, os amadores, os educadores, os jogadores profissionais etc. A regulamentação dos enunciados aderentes nas camisas, portanto, é objeto de negociação, enquanto uma empresa clássica é regida por decisões tomadas apenas por seus gestores.

Como se pode ver, esse tipo de enunciado aderente é uma reminiscência daqueles presentes nos produtos alimentícios. Tanto num caso como no outro, a densidade dos enunciados aderentes é grande, interesses mais ou menos divergentes se defrontam e uma rede complexa de instituições está implicada em sua regulamentação. Por razões diferentes, todos se encontram na interseção de diversos espaços. Na alimentação, se cruzam interesses da agricultura, da indústria, do comércio, da saúde e da política; já o futebol é, ao mesmo tempo, um espetáculo de massa, um fator importante de constituição de identidade coletiva, de empresas muito diversas, um meio de promoção social, uma rede associativa que conecta a coletividade de um país...

Capítulo 4

Os "suportadores"

Os enunciados aderentes dos suportadores mostram apoio: a um indivíduo (um candidato, por exemplo); a um coletivo (um partido, um time, um sindicato etc.); a uma causa (a democracia, a defesa do meio ambiente...). Alguns deles derivam da "corpografese" (Paveau; Zoberman, 2009), porque vão escritos diretamente no corpo. Outros passam por um suporte mediador: identificadores colados ou presos na roupa, bandeiras, letreiros levantados com os braços estendidos ou na ponta de um pedaço de madeira, eventualmente faixas carregadas por diversas pessoas. Os enunciados aderentes escritos nos corpos incluem, de fato, dois fenômenos muito diferentes: as tatuagens, de alguma forma integradas ao corpo, e os enunciados escritos de maneira efêmera, como uma pintura com pincel atômico ou os adesivos. Só estes últimos podem ser classificados como enunciados aderentes de suportadores, com a condição de estarem dispostos de maneira a serem completamente visíveis. A tatuagem ultrapassa a atividade de suportador: integrada à personalidade, pende para o que chamaremos no próximo capítulo de enunciados aderentes "expressivos".

A manifestação "clássica" e para além dela

Quando apoiadores se reúnem para defender uma mesma causa, eles se tornam, *ipso facto*, "manifestantes", indivíduos que pretendem tornar manifestos aos olhos de um público enunciados que exprimem uma convicção comum. De um ponto de vista comunicacional, pode-se considerar uma manifestação como uma pessoa coletiva de tamanho variado, associada a *slogans* que exprimiriam o ponto de vista compartilhado pelos indivíduos que a constituem. Esses slogans podem ser entoados e/ou escritos em cartazes ou faixas[1]. Eles mostram um *ethos* protestador que recorre em geral a construções específicas: "[SN][2] em fúria", "Não a [SN]", "Fora + nome próprio", "Pelo [SN]", "Chega de [SN]" etc. Sua enunciação deve, de fato, marcar um engajamento forte em favor de uma causa justa ameaçada por um exterior hostil ou indiferente[3].

Os diversos *slogans* de uma manifestação fazem referência à autoridade de um ser coletivo cuja existência é mais ou menos transitória ("os enfermeiros contra X", "as vítimas de tal catástrofe", "os defensores do meio ambiente"...). Esse próprio ser coletivo extrai sua autoridade de um ou de vários hiperenunciadores (Maingueneau, 2004), cuja identidade varia em função das causas defendidas: "A justiça social", "a liberdade", "o povo", "a pátria", "a fraternidade"...

Diferentemente de um regimento ou de um time de futebol que, mesmo com seus membros se renovando o tempo todo, podem ser considerados a mesma entidade por anos a fio, uma manifestação é da ordem do acontecimento. É um corpo, por natureza, transitório e múltiplo, um agregado de indivíduos cuja coesão é continuamente ameaçada. Um agrupamento estável não tem necessidade de *slogans* para assegurar sua

[1] No entanto, nem todos os enunciados nas faixas ou cartazes são *slogans*: muitos estão limitados a indicar o nome de uma instituição de cuja manifestação um número mais ou menos elevado de membros participa: "Fédération de Bretagne", "Université de Strasbourg" etc.

[2] SN: sintagma nominal.

[3] Pode-se ter uma ideia do funcionamento do *slogan* nas manifestações clássicas consultando o livro de O. Reboul, *Le slogan* (1975), publicado pouco depois de Maio de 1968.

identidade; as máximas às quais uma instituição se associa são destinadas a perdurar: o lema de um clube, de uma universidade, de um regimento, de um país... podem figurar como enunciado aderente em uma bandeira ou um escudo. Em uma manifestação, no entanto, o que os enunciados aderentes fazem é converter um agregado em um grupo por meio da repetição de *slogans* que justificam a existência da manifestação. Por isso, é preferível que tais enunciados não sejam contraditórios. Como, em geral, é difícil controlar todos os enunciados coexistentes numa manifestação, os organizadores concentram sua atenção nos mais visíveis: os que aparecem na linha de frente ou figuram nas faixas maiores.

As manifestações que acabo de evocar são as que podem ser chamadas de "clássicas": elas reúnem uma multidão em torno de *slogans* entoados e de enunciados aderentes inscritos em suportes bem visíveis, carregados por uma ou diversas pessoas, e que exprimem o ponto de vista coletivo por meio de construções típicas das reivindicações. Mas, atualmente, vemos cada vez mais manifestações em que os indivíduos carregam enunciados que eles mesmos redigiram sem referência ao grupo, enunciados que não cabem mais nos moldes dos enunciados reivindicatórios habituais. Eles estão localizados em cartazetes individuais pendurados ou colados nas roupas, eventualmente escritos até mesmo com pincéis anatômicos nas camisetas. Certamente, trata-se ainda de uma manifestação clássica, na qual um grande número de pessoas se reúne para defender publicamente uma causa, mas uma tensão se cria entre os enunciados coletivos e os individuais.

Esse fenômeno está estreitamente ligado às novas condições de visibilização dos enunciados aderentes. Manifestar é, de fato, explicitar uma convicção para um público o mais amplo possível. Ora, a visibilidade depende da maneira como se estabelece a relação entre o enunciado e os espectadores: para além do espaço de percepção local, há o espaço de projeção midiática. No século XIX, os enunciados aderentes só eram visíveis para os espectadores imediatos e, eventualmente, eram citados posteriormente pela imprensa escrita. A televisão permitiu a um público considerável ver e ouvir *slogans*, mas eram ainda os profissionais da informação que geravam o acesso aos canais de difusão, e só as grandes faixas eram legíveis. Com a recente multiplicação dos instrumentos de gravação à disposição de todos e o surgimento das redes sociais, todo enunciado, seja qual for seu tamanho, é virtualmente visível a um público considerável e pode ter um impacto muito mais importante do que os enunciados aderentes coletivos escritos em grandes caracteres.

Essa nova distribuição não está isenta de riscos. Em 18 de outubro de 2020, foi organizada na Place de la République, em Paris, uma manifestação em favor de Samuel Paty[4]. Assa Traoré, porta-voz do comitê "Justiça e Verdade para Adama"[5] contra a violência policial, compareceu exibindo a camiseta de sua associação, na qual estava escrito em letras brancas sobre um fundo preto o enunciado aderente: "Justiça para ADAMA / sem justiça / vocês jamais / terão PAZ". Para dar visibilidade a sua presença na manifestação, ela se fez fotografar com dois outros militantes e postou a foto em sua conta no Twitter. Ora, um dos dois outros militantes portava um pequeno cartaz branco salpicado de manchas vermelhas que ele mesmo confeccionara e no qual estava escrito "RIP SAMUEL MORTO SANGRANDO/ENSINANDO"[6]. Circunstância agravante nesse exemplo, a foto não foi tirada secretamente, mas concebida para ser difundida pelas mesmas pessoas que pensavam tirar vantagem dela: Assa Traoré e os outros militantes fazem pose, dando ao espectador a impressão de veicularem altivamente o jogo de palavras. A foto em que esse jogo de palavras de mau gosto aparece foi rapidamente compartilhada nas redes sociais e por toda a imprensa, provocando indignação não contra o portador do cartaz, que era um perfeito desconhecido, mas contra Assa Traoré e a causa que ela defendia em sua camiseta. Esse episódio significativo levanta o problema da coexistência de enunciados aderentes individuais e coletivos: no interior de uma manifestação em favor de uma vítima do terrorismo islâmico, alguns mostram enunciados aderentes em favor de outra causa, o que dificulta a conversão da multidão em uma comunidade de convicção. A situação é tanto mais delicada porque a convergência ideológica entre as duas causas não é óbvia; o que é o caso aqui. A possibilidade de fotografar um enunciado aderente particular e de fazê-lo

[4] Samuel Paty era professor de história e geografia em um colégio de Conflans-Sainte-Honorine, um subúrbio de Paris. Foi decapitado em 16 outubro de 2020 por um jovem muçulmano russo de 18 anos, de origem chechena, que foi em seguida abatido pela polícia. Dez dias antes, Paty havia mostrado duas caricaturas do profeta Maomé publicadas no jornal satírico *Charlie Hebdo* como exemplos em uma aula de moral e cívica sobre a liberdade de expressão.

[5] Assa Traoré é irmã de Traoré, mencionado acima, no final do capítulo I, 5.

[6] No original: "RIP SAMUEL MORT EN SAIGNANT". *RIP é a abreviação de "Requiescat In Pace" ("descanse em paz"). En saignant* significa "sangrando", mas também pode ser lido como *enseignant*, "ensinando", ou "professor", justamente a profissão de Samuel Paty.

circular desestabiliza as hierarquias de enunciado: um único enunciado, quando se torna brutalmente saliente, pode desacreditar todo o grupo.

Entre manifestação e performance

O modelo da manifestação que reúne a multidão mais ampla possível em torno de enunciados partilhados é igualmente questionado pela multiplicação de ações que apelam a um número reduzido de participantes. As organizações não governamentais, em particular, alimentam uma predileção pelas operações espetaculares do tipo unidade de assalto: desdobrar um enunciado aderente no alto de uma torre, deitar no meio da rua exibindo um cartaz etc. Diferentemente da manifestação clássica, prática reconhecida pela Constituição e objeto de uma regulamentação precisa pelos poderes públicos, essas intervenções são inesperadas e ostensivamente transgressivas.

Entre as operações espetaculares promovidas por um número reduzido de militantes, as promovidas pelo grupo feminista "Femen" chocam particularmente a opinião pública. As participantes mostram os seios nus cobertos por enunciados de protesto. Sua vontade é claramente recusar os códigos usuais da expressão política, irromper em um espaço público de que os homens, segundo elas, se apropriaram indevidamente. A exibição de enunciados aderentes no peito é acompanhada de gritos, de *slogans* entoados e de enunciados escritos em cartazes individuais mostrados com os braços levantados, mais facilmente legíveis do que os que estão no corpo. Por exemplo, em Paris, em 11 de novembro de 2018, nos Champs Elysées, quando da passagem da limusine de Donald Trump, vindo para uma reunião pela paz, três militantes Femen surgiram. Exibiam em seu peito o enunciado aderente "Fake Peacemakers / Real Dictators" e seguravam com os braços levantados cartazes em que se podia ler "Welcome War Criminals" e "War is peace / Freedom is slavery / Ignorance is strength". Sua intervenção teve como efeito converter a multidão que as cercava em espectadora de uma *performance* inesperada. Como mostra o recurso ao inglês, além do ambiente imediato, ela requer a atenção das mídias, chamadas a difundir as imagens de sua intervenção no mundo inteiro.

Os enunciados aderentes das Femen podem ser exibidos por indivíduos, mas a responsabilidade por eles é coletiva. Podiam estar numa faixa em uma manifestação de massa e são idênticos em cada uma das mulheres.

Esse caráter coletivo é reforçado por outros signos, especialmente os relativos às roupas. As militantes adotam um tipo de uniforme: os seios nus, sua marca, mas também os cabelos frequentemente enfeitados com uma coroa de flores, o preto das calças, *shorts* e *collants*. Enquanto os manifestantes clássicos só pertencem ao grupo durante o tempo da manifestação, as Femen formam uma verdadeira comunidade. Elas existem como grupo antes e depois da manifestação. Suas convicções devem envolver todas as dimensões da existência.

Essas ações espetaculares são apenas um exemplo numa enorme gama de ações militantes que se afastam do modelo clássico da manifestação. Podemos evocar, por exemplo, as manifestações silenciosas de solidariedade organizadas depois dos atentados islâmicos em Paris em 2015 e em 2016. Todos os manifestantes mostravam o mesmo cartaz no qual estava escrito "Je suis Charlie" ou "Je suis Paris". Esse tipo de agrupamento se repetiu, por exemplo, em torno da máxima "I can't breathe", em junho de 2020, depois da morte de George Floyd, sufocado por um policial branco. Poderíamos evocar igualmente as operações de todos os tipos efetuadas por pequenos grupos militantes, particularmente em favor de causas ambientais. Como no caso das Femen, trata-se, antes de tudo, de ações em lugares de valor simbólico destinadas a chamar a atenção da mídia, a suscitar a difusão maciça de uma mensagem forte e unívoca.

Organizações como "Extinction Rebellion" se especializaram nesse tipo de manifestação. Foi assim que, na sexta-feira 8 de fevereiro de 2020, em Annecy, cerca de quinze militantes cobriram de tinta branca os enunciados aderentes de uma agência do banco "Société Générale" e se postaram diante de sua fachada mostrando seus próprios enunciados aderentes, que tinham o objetivo de justificar a existência do grupo e de sua ação coletiva[7].

Podiam-se ler em duas grandes faixas verdes seguradas por vários militantes: "Nós somos a natureza / **QUE SE DEFENDE**" e "Rebeldes pela vida / 6ª extinção em massa". Acrescentavam-se subversões dos *slogans* do banco. Em cartazes individuais carregados pelos militantes, encontrava-se, por exemplo, "O futuro sem vocês. Société Génerale",

[7] Disponível em: https://bit.ly/3RkioRQ; acesso em: 20 set. 2022. A legenda da foto era a seguinte: "Mais de quinze militantes da Extinction Rebellion se manifestaram, sexta-feira, diante da agência da Société Générale, na rua Royale, em Annecy. Foto: Le DL /A.B-M.".

"A Société Générale financia a extinção da vida", "A Société Génerale persegue os militantes que denunciam seus crimes". No primeiro exemplo, há claramente subversão do *slogan* "O futuro são vocês. Société Générale", enquanto, nos dois outros, a subversão se apoia unicamente na formatação: a forma, as cores e o logotipo associados aos *slogans* do banco. Tratava-se de impor uma apreensão diferente do suporte.

Intervenções desse tipo mobilizam poucos militantes, mas têm como efeito multiplicar os enunciados aderentes destinados a justificar sua ação: precisam aproveitar a forte exposição midiática para oferecer uma espécie de síntese de sua doutrina. O termo "doutrina" não está aqui deslocado. A grande maioria das manifestações clássicas é organizada em torno de um acontecimento: o fechamento de uma fábrica, uma comemoração, um assassinato, uma decisão do governo... As operações de assalto, em geral, pretendem defender determinada concepção do mundo fazendo seus esforços incidirem sobre alvos simbólicos.

Quando prevalece o enunciado aderente individual

Como sugeri acima, não são apenas as operações espetaculares de pequenos grupos que enfraquecem o modelo da manifestação clássica. São também os enunciados aderentes individualizados dos participantes que coexistem com os enunciados aderentes coletivos. Pode ocorrer até mesmo uma inversão da hierarquia, com a multidão desfilando poucos enunciados coletivos, ou mesmo nenhum, ante a proliferação de enunciados individuais.

Essa situação, *a priori* surpreendente, foi atestada de maneira repetida na França durante as manifestações dos "Coletes Amarelos" de 2018-2019. Os que viam os manifestantes passarem percebiam de fato poucos enunciados aderentes nas faixas coletivas, mas um grande número de bandeiras francesas desprovidas de qualquer enunciado. Contudo, ao se aproximarem dos manifestantes, descobriam numerosos coletes amarelos cobertos de enunciados escritos com pincel atômico. Esse fenômeno chamou a atenção dos jornalistas, que fotografaram detalhadamente e debateram esses enunciados.

Diferentemente dos enunciados aderentes das Femen, os dos Coletes Amarelos eram de exclusiva responsabilidade de seus suportadores. Por meio deles, tentavam mostrar a criatividade contestadora. Eis alguns exemplos, dos quais conservamos as minúsculas e maiúsculas originais. O trabalho interpretativo que requerem dos leitores é importante. Estamos longe dos *slogans* das manifestações clássicas, destinados, antes de tudo, a comunicar o mais eficazmente possível uma mensagem breve e simples destinada a um público amplo, estranho às reivindicações.

(1) "Brigitte[8]!!! Devolva-nos a BAIXELA"
(2) CHEGA DE PEDAGOGIA, ENTENDEMOS TUDO!
(3) CASTANER[9] não é mais o FANTOCHE em nossas ESCOLAS!!
(4) DEVOLVA o ISF[10] AS ANDORINHAS[11] E OS SERVIÇOS PÚBLICOS
(5) EU ESTOU AQUI POR NÓS POR VOCÊS NOSSAS CRIANÇAS NOSSOS IDOSOS
(6) quando se quer manter o curso e a raiva ruge, você tem que mudar de curso[12]

Esses enunciados aderentes diferem dos das Femen não somente porque não se trata mais de *slogans*, mas porque são pouco visíveis. As Femen escreviam frases nos seios, mas também as repetiam em grandes cartazes nos quais vinham escritas em grandes caracteres.

---

[8] Brigitte, esposa do Presidente Macron.

[9] O Ministro da Educação.

[10] O "Impôt de solidarité sur la fortune / Imposto de solidariedade sobre a fortuna", instaurado por um governo de esquerda era cobrado sobre o conjunto das riquezas; Macron, para favorecer o investimento nas empresas, o substituiu por um imposto sobre a fortuna imobiliária (IFI).

[11] Nome familiar dado às "agentes de vigilância da via pública", que controlavam o estacionamento de carros nas cidades. Elas foram progressivamente substituídas por máquinas.

[12] Esses enunciados foram coletados na revista *Marianne* (disponíveis em: https://bit.ly/3LL; acesso em: 20 set. 2022).

A diferença entre os dois tipos de manifestação se destaca igualmente nas roupas. As militantes Femen e os Coletes Amarelos vestem uma espécie de uniforme, mas sua função não é a mesma. As Femen exprimem, ao mesmo tempo, uma convicção compartilhada, que reforça seus *slogans*, e se vestem para uma *performance*: elas oferecem um espetáculo e, consequentemente, precisam escolher seu "traje de cena". Os Coletes Amarelos, por sua vez, são assim denominados porque sua roupa mostra um pertencimento a um movimento de protesto, mas esse nome não especifica o conteúdo do protesto. A presença desse significante compartilhado é acompanhado pelo desaparecimento das faixas coletivas e pela multiplicação dos enunciados aderentes individuais. Se os Coletes Amarelos recorrem pouco aos enunciados aderentes coletivos, é justamente pela dificuldade de unificar em torno de um núcleo de enunciados partilhados os protestos que as manifestações agregam. Escrevendo *os próprios* enunciados aderentes em *seus próprios* coletes, cada um enuncia *suas* razões particulares para participar do empreendimento coletivo, procurando estabelecer conivência com os companheiros imediatos.

A presença de muitas bandeiras francesas tem o mesmo sentido: como o colete amarelo, a bandeira mostra um pertencimento, mas não articula uma reivindicação ou uma doutrina. Ao agitar a bandeira, afirma-se o pertencimento exclusivo ao "povo". De fato, os enunciados aderentes escritos em algumas faixas coletivas exibidas nas manifestações são notáveis por isso: eles se contentam, na maior parte das vezes, em afirmar a existência de um coletivo. Por exemplo:

> "Coordenação dos Coletes Amarelos" (Estrasburgo, abril de 2919)[13]
> "Unidos, a mudança é possível" (Bordeaux, 9 março de 2019)[14]
> "Todos juntos" (Rochefort, 24/11/2018)[15]
> "Democracia direta! Poder para o povo!" (Tours, 30 de março de 2019)[16]
> "Coletes Amarelos" (Lyon, 19/11/2019)[17]

Esse último enunciado, "Coletes Amarelos", escrito em letras pretas em uma faixa enorme, chama a atenção pela circularidade: ele designa os pró-

[13] Disponível em: https://bit.ly/3dRJ8eG; acesso em: 20 set. 2022.
[14] Disponível em: https://bit.ly/3SqmicW; acesso em: 20 set. 2022.
[15] Disponível em: https://oran.ge/3DZFuKv; acesso em: 20 set. 2022.
[16] Disponível em: https://bit.ly/3DZuZXA; acesso em: 20 set. 2022.
[17] Disponível em: https://bit.ly/3Sfxnhh; acesso em: 20 set. 2022.

prios manifestantes, e não uma entidade exterior que apoiaria a manifestação (o nome de um partido, de um sindicato, de uma entidade estudantil etc.).

Esse tipo de manifestação é muito diferente das organizadas em torno de "Je suis Paris" ou "Je suis Charlie", nas quais todos os participantes mostravam o mesmo enunciado escrito no mesmo suporte. Mas, nos dois casos, estamos diante de coletivos que não são estabilizados por instituições mediadoras ou uma categoria social. É por meio da ostentação de um significante elementar compartilhado — um colete amarelo, um enunciado sobre um retângulo preto e branco — que os manifestantes mostram seu pertencimento.

Se a manifestação clássica não está mais na posição de monopólio, é também porque os agrupamentos de manifestantes podem se projetar em um espaço que excede as mídias tradicionais — a saber, o rádio, a imprensa escrita e a televisão —: a web e as redes sociais que simples telefones celulares podem alimentar em fluxo contínuo de fotos e vídeos. Os agrupamentos militantes são assim, virtualmente, acrescentados a agregados invisíveis e inapreensíveis de internautas que podem acompanhá-los, muitas vezes ao vivo.

Os enunciados aderentes exibidos pelos esportistas tiram sua força da ambivalência natural dos enunciados fixados a seus corpos. O próprio termo "suportador" dá testemunho de tal ambivalência: "Suportar", como "sustentar", pode significar "sofrer", carregar uma carga imposta, mas pode também significar, em francês, "reivindicar ativamente, defender uma causa"[18]. A foto da garotinha em cuja fronte estava pregada a etiqueta "POBRE" ilustra bem o lado obscuro de um gesto que transforma qualquer um em suporte à sua revelia. Os enunciados aderentes de suportadores invertem os signos, do negativo ao positivo. Os enunciados aderentes que eles mostram não são impostos por um poder exterior, mas livremente escolhidos, e, em vez de excluir seus portadores da comunidade, são avaliados como veiculadores de uma mensagem que a reforça, uma mensagem a serviço do bem público. Essa divergência se manifesta no plano linguístico: os enunciados aderentes dos assujeitados são em geral nomes que situam o indivíduo em uma classe ou afetam uma instituição, enquanto os enunciados aderentes dos suportadores são frases que definem um programa e abrem para um futuro.

[18] *Supporter* em francês também pode ser equivalente ao português "torcer", como em torcer por um time de futebol (o torcedor é chamado precisamente de *supporteur*) [N. do T.].

Capítulo 5

Os enunciados expressivos

O suportador de um candidato em uma eleição é, por excelência, o próprio candidato quando, num comício, ele fixa em suas roupas um enunciado emblemático, escrito em um *pin* ou num *button*, num adesivo, num boné ou numa camiseta. São objetos que seus partidários podem comprar na entrada do comício, de modo a poderem mostrar seu *status* de suportadores. Na realidade, o candidato não se apresenta como suportador de si mesmo, mas como suportador do projeto político sintetizado no enunciado aderente. Assim, ele demonstra que não milita em interesse próprio, mas por uma causa além dele.

Durante sua campanha vitoriosa de 2016, Donald Trump cobriu frequentemente sua cabeça com um boné de beisebol, em geral vermelho. Na frente, estava escrito "MAKE AMERICA / GREAT AGAIN". Atrás, figurava a bandeira estrelada dos Estados Unidos. Foi esse boné que a fábrica Goodyear proibiu seus funcionários de usarem. A escolha desse suporte mediador não é nada casual quando se trata de restaurar a grandeza da América: a cabeça é a sede do pensamento e dos valores, enquanto a cor vermelha está associada à força, à vida. Além disso, o boné não podia ser isolado do conjunto do figurino de Trump, que se veste constantemente com roupas azuis e camisas brancas impecáveis, *a priori* dificilmente compatíveis com o caráter popular de um boné de beisebol de cores chamativas. Mas o vermelho do boné, associado ao branco e ao vermelho das roupas, replica as cores da bandeira americana: o candidato encarnava assim a América. Essa mistura de códigos se encaminha para um populismo que dissolve as diferenças sociais no pertencimento ao mesmo povo. Ela adquire todo o seu sentido em uma cultura que não desqualifica os signos exteriores de riqueza, na qual o elegante terno azul e a camisa branca não entram em conflito com os valores coletivos. No plano de fundo, está o mito do "Sonho americano", daquele que faz fortuna com o próprio trabalho e assim enriquece a coletividade, que reconhece seu mérito.

Mas exibir durante a campanha presidencial de 2008 uma camiseta na qual se pode ler "Yes, We Can" ou em 2016 um boné com "Make America Great Again" é uma coisa; fazê-lo alguns anos mais tarde, sem ser cidadão americano trabalhando como jardineiro ou lutando para conseguir levar as compras para casa, é outra. Fica claro que o enunciado aderente mudou de estatuto. De fato, basta circular por uma rua para ver que o número de enunciados aderentes fixados nos corpos não se deixa mais apreender pela distinção entre "suportadores" e "portadores". Em nosso cotidiano, somos confrontados com uma enorme quantidade de enunciados aderentes cuja presença não se explica nem pelo pertencimento a uma organização nem pela vontade de mostrar apoio a uma causa, dois tipos de enunciados aderentes que têm em comum apagar a singularidade da pessoa que os exibe. Ora, um dos traços mais marcantes da sociedade contemporânea é a promoção de um indivíduo que, por meio de múltiplos signos, "expressaria sua personalidade", "imporia seu estilo", "se afirmaria"... Assim, os enunciados aderentes vão ser mobilizados para se tornarem "expressivos" da personalidade dos que são seu suporte, que podemos chamar de "expressadores"[1].

[1] O termo "expressador" é um neologismo de sentido, não de significante. Já foi utilizado em diversos domínios, em particular na biologia. De fato, já há registro do termo na Infopédia (disponível em: https://bit.ly/3UEsTSR; acesso em: 20 set. 2022).

Ao distinguir essa nova categoria de enunciado aderente, enfrentamos imediatamente uma dificuldade: muito frequentemente, o caráter expressivo de um enunciado aderente não decorre exclusivamente de seu conteúdo, mas das circunstâncias nas quais ele é oferecido ao olhar. Encontra-se essa instabilidade nos enunciados aderentes eleitorais. Já a encontramos nas camisetas com o nome e as cores de um time: portá-las durante uma partida é mostrar por qual time se torce. Já no dia a dia, fora de qualquer prática específica de torcida, tende a fazer delas a expressão de uma personalidade, de algo pertinente a uma tradição familiar, ao bairro ou à cidade em que se mora, a lembranças pessoais... Por sua vez, os turistas estrangeiros que compram em algum aeroporto brasileiro uma camisa com as cores da seleção brasileira e a exibem em seus países pretendem com isso mostrar algum traço de sua personalidade, mesmo que a interpretação de sua intenção quase sempre seja pouco clara.

As camisetas

Acabo de evocar exemplos de enunciados aderentes escritos em camisetas. Não sem motivo essa roupa é um suporte mediador privilegiado de enunciados aderentes expressivos. Diferentemente de uma camisa ou blusa, ela não é concebida para ser usada por baixo de outra roupa, mas destinada a ser vista.

Qualquer que seja o conteúdo do enunciado aderente em uma camiseta, o expressador envia um sinal ambivalente: mostra com ostentação um enunciado, mas os que o veem não dispõem, em geral, de meios suficientes para construir uma interpretação segura de suas intenções. As camisetas nas quais se vê escrito "Oxford University" ou "Sorbonne Université" são mais frequentemente usadas por pessoas que claramente não são estudantes dessas universidades e das quais pode-se até mesmo pensar que não têm um laço particular com essas instituições de ensino. Talvez tenham somente ido a Oxford ou a Paris, eventualmente à Inglaterra ou à França. São os que leem o enunciado aderente que precisam formular hipóteses sobre as razões pelas quais ele figura em uma camiseta de tal pessoa em tais circunstâncias. Para isso, podem se basear em seu conhecimento da pessoa em questão: é anglófila ou francófila, conserva a juventude de espírito, é extravagante, gosta de universidades etc. Na maioria das vezes, os leitores não sabem nada ou quase nada sobre o expressador e sua tendência é raciocinar em sentido inverso: inferir traços de sua personalidade a partir do enunciado escrito em sua camiseta. Mas, para engajar-se em tal processo de interpretação, é preciso pressupor pragmaticamente que o fato de portar o enunciado aderente significa alguma coisa, manifesta uma intenção, por mais incerta que seja.

Como se trata de enunciados aderentes bem visíveis, localizados no corpo de pessoas presumivelmente responsáveis por sua presença nas roupas que vestem, a primeira tentação é ver neles a manifestação de uma convicção. Porém, frequentemente, isso se revela problemático. A camiseta implica um figurino casual e é propícia ao jogo, à espetacularização de enunciados aderentes expressivos que não são plenamente assumidos: "Faça o que te faz feliz", "Clube das Meninas Más", "Não estou ERRADO / Sou JESUS", "Amor à francesa", "NÃO SOU RACISTA / DETESTO TODO MUNDO", "Trust Me / I speak portuguese"... Se os indivíduos vetores de tais enunciados não os assumem realmente, nem por isso os atribuem a um enunciador que os recusaria. Parecem ocupar uma posição indecidível, próxima da que Ducrot propõe para analisar, em termos de polifonia, os enunciados irônicos:

> Falar de modo irônico é, para um locutor L, apresentar a enunciação como expressando a posição de um enunciador E, posição pela qual se sabe, aliás, que o locutor não assume responsabilidade, e, mais do que isso, que ele a considera absurda. L não é assimilado a E, origem do ponto de vista expresso na enunciação (1984: 211).

No caso de nossas camisetas, pode-se dizer que o expressador encena em sua fala o ponto de vista de um enunciador do qual ele se distancia por meio da própria enunciação, sem, no entanto, rejeitá-la como absurda. Ele se contenta em não se comprometer com ela totalmente, em mantê-la em um espaço puramente lúdico. Essa indecidibilidade pode contaminar quaisquer enunciados aderentes gravados em uma camiseta. Como estar seguro de que a pessoa que, fora de qualquer atividade especificamente militante, exibe em sua camiseta "Jesus estava errado" é de fato inimigo do cristianismo, ou que aqueles que exibem "Faça a América grande de novo" são fervorosos apoiadores do Partido Republicano norte-americano? Assim, somos constantemente confrontados com o paradoxo de um enunciado aderente expressivo que solicita ativamente a interpretação, mas cujo laço com a pessoa é radicalmente incerto. Sobra pouco mais do que dizer que o simples fato de exibir tal enunciado diz necessariamente algo do expressador.

Esse jogo com o postulado da sinceridade é igualmente favorecido pelo fato de a relação entre o expressador e o enunciado aderente em uma camiseta não ser da mesma ordem da existente entre um enunciado e seu locutor: esse enunciado aderente não é *dito* por ninguém, é uma sequência de signos gráficos que *se encontra escrita* em uma camiseta de uma pessoa. Exibir um enunciado em uma roupa não é o mesmo que ser o locutor de uma enunciação linguística, mesmo que seja irônica. Quando se fala, dificilmente se pode sustentar que não se disse o que se disse; quando se usa uma camiseta com um enunciado aderente, pode-se sustentar que se vestiu essa camiseta por acaso, sem uma intenção definida. Além disso, o enunciado aderente em uma camiseta não tem propriamente destinatário: ele se oferece ao olhar de qualquer pessoa que cruze com o expressador.

Essa incerteza se encontra em outro suporte retransmissor de propriedades semelhantes: as mochilas dos estudantes. A necessidade de afirmar seu "estilo" é particularmente forte nos adolescentes; sua identidade em construção pede constantemente o olhar do outro. Os enunciados aderentes que podemos ler nesses equipamentos são de dois tipos: uns são impostos pelo fabricante, os outros são enunciados aderentes expressivos, muito frequentemente em inglês, pendurados ou colados pelos alunos, seguindo a mesma lógica presente nas camisetas: "Bored teenager", "Busy doing nothing", "I am not old! / I'am a / recycled / teenager"... Entre os enunciados aderentes impostos pelo fabricante, o nome da marca tem um estatuto privilegiado porque, mesmo que pouco valorizado pela comunidade de que os alunos participam, seu *ethos* lhes é transmitido imaginariamente. Encontram-se, assim, nessas mochilas, sequências verbais que teriam um vago valor expressivo; elas estão mais comumente em inglês: "Since 2000", "Original design "..., que dizem respeito à marca ou à mochila, mas também "Black", "Cool", "Girls"..., enunciados orientados para o expressador.

Quando a marca se exibe

Em uma camiseta, podem igualmente figurar enunciados aderentes que fazem a promoção de uma marca, sem se tratar de roupa de má qualidade, de material publicitário. São os próprios usuários que convertem o nome de uma marca prestigiosa escrito nas costas da camiseta cara em enunciados aderentes expressivos. A Prada desenvolveu em 2006 uma gama de produtos com sequências mais ou menos enigmáticas como a que se vê abaixo, escritas em letras brancas sobre um fundo escuro:

O fragmento mais destacado ("UNSPOKEN DIALOGUE") é paradoxal, já que é da ordem verbal e não há diálogo. Mas, de certa forma, ele diz a realidade do mundo da comunicação: o sentido da "mensagem" é sua opacidade, a fonte de distinção entre os que são e os que não são iniciados. O problema não é saber o que significa exatamente esse enunciado aderente, mas mostrar distância entre o portador da camiseta e o comum dos mortais, acentuada pela intransigente sobriedade de um texto branco contra um fundo escuro. Todos conhecemos a frase de Mallarmé destinada a justificar o hermetismo em poesia: "Tudo o que é sagrado e quer permanecer sagrado está envolto em mistério". O sagrado, de fato, é o que impõe distância, justifica a distância entre o preço de uma camiseta comum e uma camiseta que, excedendo sua condição, pretende se arrogar determinados poderes da obra de arte.

Tal estratégia se baseia no prestígio atribuído à marca cujo nome está escrito na roupa. Em princípio, é porque a marca é famosa que seu nome pode ser utilizado para fins expressivos; mas não existe nenhuma autoridade reconhecida que estabeleça uma lista oficial das marcas mais importantes, como para certos vinhedos, que hierarquizam as diferentes zonas de produção. Qualquer marca pode mostrar seu nome em uma camiseta e, ao fazê-lo, pressupõe pragmaticamente que tem o direito de fazer isso, que tem valor. Na realidade, as marcas cujos produtos são conhecidos por serem baratas dificilmente podem fazer o mesmo: o comprador evitará exibir uma camiseta que chama a atenção sobre sua imagem aos olhos dos membros de sua comunidade de referência. Visto ser difícil vender caro uma camiseta sem nenhum enunciado aderente, é mais razoável para esses fabricantes imprimirem enunciados cujo conteúdo é suficientemente proeminente para que a atenção não se fixe no nome da marca: quando se vê uma camiseta na qual está escrito "Sorbonne Université" ou "AMORE / Italian Love", dificilmente a gente se preocupa com a identidade da marca que a fabricou.

Para uma marca de roupa barata, uma forma original de contornar essa dificuldade é tomar carona em uma marca de prestígio. Nos anos 1990, um grande criador parisiense, Azzedine Alaïa, desenhou para a marca popular TATI uma série limitada de camisetas nas quais estava escrito:

"ALAIA POUR" estava escrito em cor preta sobre fundo branco, enquanto "TATI" se destacava em um retângulo constituído de azulejos rosa e branco, cores tradicionais da cadeia de lojas. Alaïa podia se beneficiar dessa operação porque as camisetas eram de tiragem limitada e vendidas a um preço mais alto. Verifica-se assim ao vivo o poder dos enunciados aderentes alterarem qualquer coisa na qual sejam postos: pela magia de um nome, uma roupa de baixo custo se transforma em criação.

Por sua vez, o comprador dessas camisetas valoriza o próprio *ethos*: ele ostenta uma camiseta concebida por um grande criador, mostrando assim sua aptidão para jogar com os códigos, para não ficar restrito a uma só categoria. Essas camisetas implicam, pois, um contrato tácito pelo qual, mostrando seu nome, a marca valoriza o comprador que, por sua vez, a valoriza divulgando seu nome.

Se passarmos agora da camiseta que acabamos de comprar à sacola que a embala, mudaremos de registro: o comprador que anda na rua não escolheu a sacola; ele se obriga a mostrar os enunciados aderentes promocionais nela inscritos. Os criadores de algumas dessas embalagens se esforçam, então, para convertê-las em enunciados aderentes expressivos, para fazer o *ethos* da marca e o dos compradores convergirem. Uma consumidora que, na primavera de 2020, fizesse compras na França em uma boutique da marca de *lingerie* Etam acabava carregando uma sacola plástica branca na qual estava escrito em caracteres brancos e vermelhos:

O referente do pronome "we" ("we are French... / Nós somos francesas", "we believe... / nós acreditamos") é deliberadamente ambíguo: pode ser a cliente, a marca, as duas reunidas ou o conjunto das clientes agrupadas na comunidade imaginária das francesas que são "*sexies*", "independentes", "elegantes" e "otimistas". É como se a mulher que compra a *lingerie* nessa boutique fosse tida como participante dessa comunidade e assumisse as convicções que a fundam ("we believe in... / nós acreditamos em..."): a fronteira entre a posição do expressador e a do suportador da marca desaparece. As cores utilizadas são as da bandeira francesa, mas são também as da bandeira americana e as da inglesa; os valores que subjazem a esse *ethos*, aliás, não têm nada de francês: são os mesmos que a imprensa feminina do mundo inteiro difunde nas classes médias. Significativamente, o enunciado que sublinha as supostas qualidades das francesas está escrito em inglês: se a enunciadora afirma fortemente sua diferença, seu pertencimento à cultura francesa, ela o faz em um enunciado que utiliza a língua veicular das elites internacionais. Essa tensão é levada a seu paroxismo no *slogan* linguisticamente híbrido, precedido de uma *hashtag*: "#Frenchliberté".

A simples presença de uma *hashtag* indica a abertura do enunciado às redes sociais, assim como conecta a compradora à imensa comunidade das mulheres modernas que carregam o *ethos* impresso na sacola.

As compradoras se beneficiam do sentimento de pertencer simultaneamente a uma comunidade restrita e privilegiada, as francesas, tidas como sempre elegantes, e às elites globalizadas, a das mulheres modernas que têm o *ethos* descrito na sacola. Certamente, elas não escolheram colocar esses enunciados aderentes na embalagem, mas podem extrair deles o benefício simbólico de uma conformidade com as normas dominantes naquela que elas pensam ser a fração mais valorizada da sociedade. Como para as camisetas, não se requer que elas adiram ao que está escrito, mas ao *ethos* lúdico a ele associado, um *ethos* que mostra um "estilo" caracterizado como "liberdade".

Em nosso ambiente

Os enunciados aderentes expressivos não são exclusividade das roupas e dos acessórios associados ao corpo da pessoa. Podem aparecer igualmente em múltiplos suportes do ambiente cotidiano: canecas, lençóis, guardanapos, colchas... Pode-se, por exemplo, comprar travesseiros nos quais está escrito "Relax", "Paraíso", "Estar juntos é meu lugar preferido", "Batalha de beijinhos", "A vida é bela", "Ver o lado bom da vida", "Aqui em casa gostamos de comer bem, beber vinho com os amigos, cultivar o bom humor", "Seja feliz!"... São enunciados que, direta ou indiretamente, projetam um feixe de valores, desenham um estilo que se quer pessoal. O auge desse fenômeno é a "customização": numerosos *sites* na internet oferecem vários enunciados à escolha para serem impressos em canecas ou roupões, o que permite fazer deles *sua* caneca, *seu* roupão ...

Esses enunciados aderentes expressivos podem figurar mesmo em suportes fixados em algum lugar da casa. Na foto a seguir, veem-se, lado a lado, duas caixas de correio. Elas estão no interior da França, na entrada de um caminho que leva à casa de seus proprietários.

Foto do autor

A exemplo das canecas e das almofadas em um sofá, uma caixa de correio é uma extensão metonímica do indivíduo ou do grupo de indivíduos que a utilizam, mas é também um ponto de contato privilegiado entre o espaço privado e o mundo exterior. O dono da caixa pode reduzi-la a sua função, deixar de personalizá-la, ou, ao contrário, utilizá-la para expressar um *ethos*, mesmo que de maneira sumária. As duas caixas da foto ilustram essas duas possibilidades.

Desde 1977, a administração francesa impõe normas estritas para as caixas de correio. Assim, não são seu tamanho ou sua forma que vão permitir a manifestação de um *ethos* pessoal, mas os signos que o usuário pode acrescentar. É o caso da caixa à direita, cuja face voltada para o olhar do público está coberta de nomes de capitais do mundo inteiro. Talvez essa caixa tenha sido oferecida a seu atual proprietário, pode ter sido a caixa do antigo ocupante da casa (o morador não viu razão para mudá-la), mas os transeuntes, salvo circunstâncias excepcionais, vão associá-la espontaneamente aos ocupantes atuais. Como os que estão nas camisetas, os enunciados aderentes que nela figuram foram inscritos pelo fabricante, mas foi seu proprietário que escolheu um em lugar de outro. Certamente, é difícil dizer qual é a intenção exata que ele manifesta ao fazer essa escolha, mas ela demonstra que ele não se satisfaz em utilizar um objeto apenas para sua função; *sua* caixa se distingue de outras e, assim, distingue seu proprietário.

Esse esforço de distinção não atinge, entretanto, a "customização": os enunciados aderentes não foram concebidos especificamente para *esse* uso. O proprietário passa pelos signos que um industrial escolheu apoiando-se em estereótipos.

A caixa pode conter os nomes de capitais de países muito diversos (Bucareste, Oslo, Canberra, Bangkok...), mas "NY" se destaca: é o enunciado aderente maior, o único em letras maiúsculas, o único acrônimo. Os transeuntes não têm necessidade de dispor de ampla cultura para compreender que NY significa "New York", acrônimo que se encontra em uma enorme quantidade de xícaras ou camisetas. Esse morador de uma zona rural francesa se conecta simbolicamente com a capital econômica e cultural do país que impõe todas as normas em matéria de cultura de massa globalizada.

O problema ganha outra dimensão quando são os próprios proprietários da caixa que acrescentam enunciados aderentes. Nesse caso, produz-se frequentemente uma contaminação entre a lógica da expressividade e a do suportador. É o caso de outra caixa da mesma vila na qual figuram dois adesivos, um circular, no alto, e outro, retangular, embaixo, associados a logotipos apropriados.

No primeiro está escrito: "EU TAMBÉM ESTOU AGINDO EM MEU JARDIM / **Terra sã** / Poitou-Charentes[2] / Minha vila sem pesticidas";

[2] Era o nome da região na qual fica essa caixa de correio. Desde 2014, ela foi integrada a uma região mais vasta, chamada Nova Aquitânia.

no segundo, "JUNTOS / pela diversidade". Aqui não estamos na situação evocada no início do livro: a relação contingente entre um poste e um cartazete eleitoral, já que a caixa de correio participa do indivíduo ou da família que ocupa a casa. Trata-se de manifestar uma visão de mundo em um suporte que é uma extensão de um eu. Fora de casa, são os carros ou motos que mais comumente funcionam como suportes de enunciados aderentes expressivos. Em geral, eles têm a forma de adesivos fixados atrás do veículo, de modo a serem lidos pelos motoristas que vêm atrás. Em sua maioria, aliás, são frases destinadas diretamente aos outros motoristas ("Não encoste no meu carro") ou indiretamente ("Não gosto que colem em mim"). O dono do carro também pode se atribuir um qualificativo ("Somos os marselheses"...) ou exibir enunciados de valor predicativo do qual é o sujeito implícito ("Recém-casados", "Fofo, mas psicopata"...).

Os mais comuns são os construídos segundo a fórmula "X a bordo": "Cachorro a bordo", "Gato a bordo", "Padawan a bordo", "Netos a bordo", "Viking a bordo" etc. A matriz dessa fórmula é "bebê a bordo", desdobrada em milhares de maneiras, em função dos elementos que lhe são associados (uma fada, um gatinho, pezinhos...) e em função da forma e da cor do adesivo. Originalmente, essa fórmula, inventada nos EUA nos anos 1980 ("Baby on Board!"), deveria contribuir para aumentar a segurança nas estradas. Nesse ato de linguagem indireto, o enunciado tético é interpretado na verdade como um pedido dirigido aos outros motoristas: "Preste uma atenção especial a esse carro que transporta bebês", uma implicação apoiada em um topos: "Quanto mais criança, maior a proteção". Mas a fórmula ("X a bordo") se tornou autônoma, a ponto de incorporar os nomes mais diversos, o que tem como efeito tornar obscura a interpretação do enunciado aderente: qual é a reação esperada dos outros motoristas quando leem "Padawan a bordo" ou "Princesa a bordo"? É claro que o valor expressivo aqui predomina. Como ocorre com as camisetas, a tendência da fórmula "X a bordo" para um enunciado aderente de valor expressivo acompanha uma suspensão da seriedade da enunciação. Dos que a leem não se espera que sejam realmente levados a crer que no carro haja de fato um cão, uma princesa, um viking ou um Jedi, mas a presença desse ou daquele "X a bordo" diz algo sobre a personalidade do proprietário.

Como nas placas ao lado dos quadros, a ausência de determinante diante do nome X de "X a bordo" se torna possível pela contiguidade física com o referente. Mas, enquanto o determinante zero de uma legenda permite categorizar, "expressar a experiência de HÁ um 'N', isto é, a experiência de um objeto, de um estado, de uma realidade.., que pode ser incluído no domínio nocional ao qual N remete" (Bosredon, 1997: 63-64), o de "X a bordo" tem uma função localizadora: "A bordo", isto é, a bordo do carro no qual está escrito "a bordo". A fórmula se dirige a um destinatário exterior ao veículo para afirmar a presença, no carro em que está colada, de determinada categoria de indivíduos, designada pela não pessoa "bebê", "princesa", "cão"... De fato, o destinatário precisa entender que o referente de X é um ser pertencente à família do proprietário do carro: não estão em questão um bebê, uma princesa ou um cão qualquer, mas sim aqueles que estão associados ao carro. Por metonímia, podemos mesmo perguntar se não é o próprio carro o enunciador, com a carroceria desempenhando o papel de uma pele imaginária que envolve todos os que vão a bordo. Um "enunciador" não é necessariamente alguém que fala[3]: é a fonte de um ponto de vista; o que permite a uma garrafa de suco de maçã ser o emissor de um enunciado aderente ("Devo ser bebido fresco") e a um carro indicar a presença de um cão a bordo. Mas, como no caso das camisetas, nada garante que o enunciado seja sério: o motorista pode não ter um bebê, a "princesa" pode ser um idoso aposentado... A expressividade remete então a um outro nível: o expressador precisa demonstrar capacidade de brincar com a realidade.

Trate-se de carros, camisetas ou caixas de correio, a sociedade contemporânea pode ser caracterizada como uma sociedade em que proliferam enunciados aderentes resultantes da lógica do "style", no sentido comum desse termo na publicidade ou nas seções especializadas das revistas: uma encenação de si que se pretende singular e envolve muitos aspectos da existência, em particular a apresentação do corpo e de determinadas categorias de objetos do ambiente imediato. É o que tenta captar o conceito sociológico de "lifestyle":

> Um conjunto mais ou menos integrado de práticas que um indivíduo adota não somente porque elas respondem a necessidades utilitárias, mas também porque dão forma a uma narrativa singular de identidade pessoal (Giddens, 1991: 81).

[3] Sobre esta distinção, ver Ducrot (1984).

Esse fenômeno é característico de uma sociedade na qual, com o desaparecimento dos referenciais coletivos tradicionais, cada um deve "encontrar seu estilo", oferecer em espetáculo sua singularidade pelo agenciamento de signos que participam de uma totalidade dinâmica e coerente. Espera-se que o indivíduo exiba esses e aqueles signos, que expressam o que ele é, mas o que ele é também emerge dos signos diretamente decorrendo dos estereótipos.

Paradoxalmente, de fato, a maioria dos enunciados aderentes que supostamente conferem um estilo pessoal são produzidos em série por indivíduos de outro tipo, as marcas, que se esforçam para fazer os consumidores aderirem ao estilo próprio delas. Vimos o que ocorre no caso da sacola ou das camisetas. Esse processo é levado a seu paroxismo na lógica da grife, quando uma pessoa inscreve a mesma marca nos suportes mais diversos de seu ambiente. Entretanto, esse processo não tem nada de uma imposição vertical, porque as próprias marcas se esforçam para "colar" em um público-alvo. Na articulação desses dois espaços se encontram "agências" ou "escritórios de estilo" que têm por função gerir a imitação recíproca: eles detectam tendências entre os consumidores e as vendem às marcas que, a partir delas, fabricam produtos que os consumidores adotam.

A crise da Covid-19 permitiu verificar *in vivo* a tensão entre a pesquisa de um estilo pessoal e os objetivos puramente utilitários. Na região mais importante do corpo, o rosto, viu-se aparecer uma nova peça de roupa: a máscara. Inicialmente, ela era reduzida a sua função sanitária, indiferente à singularidade dos que a usavam. Mas rapidamente surgiram enunciados aderentes expressivos mais ou menos em harmonia com a forma e a cor da máscara. Por exemplo:

— NÃO SE APROXIME!

— CORONAVÍRUS

— COVID-19 / CORONAVÍRUS

— COVID-19

— Só tiro essa máscara para beber vinho

— Fique em casa

— F**DA-SE, COVID 19

— MÁSCARA COVID (LENDÁRIA)

Esses enunciados são reflexivos em sua maioria: comentam o próprio uso da máscara. O que é brutalmente imposto se converte assim em espetacularização da personalidade, o negativo vira positivo.

Tatuagens em corpos gloriosos

Em matéria de enunciados expressivos, é difícil evitar dizer algo sobre as tatuagens, cuja proliferação é característica da sociedade contemporânea. Elas suscitam problemas específicos, já que são inscritas duradouramente no corpo e são bem menos visíveis, eventualmente invisíveis fora da esfera íntima. Falo aqui das tatuagens escolhidas, não das que indicam o pertencimento a um grupo de identidade forte (o exército, certas seitas ou organizações criminosas...).

Qualquer que seja seu conteúdo e seu grau de visibilidade, ao se incorporarem à pessoa suporte, os enunciados aderentes tatuados comprometem inevitavelmente a camada mais profunda da personalidade. Eles dizem respeito ao "Sujeito", no sentido etimológico: o *sub-jectum* é o que permanece estável através da variação infinita das circunstâncias. Eles conferem um novo estatuto ao corpo, não mais o corpo orgânico, aquele a que o nascimento obriga, mas um corpo "estilizado", convertido em suporte de imagens e de palavras livremente escolhidas.

A tatuagem leva ao extremo a tensão constitutiva entre os enunciados aderentes e o modelo usual da comunicação. O próprio fato de a tatuagem ser muito frequentemente pouco visível parece anular a posição de destinatário, como se o importante fosse menos significar alguma coisa para alguém do que o gesto de reapropriação do próprio corpo. Até mesmo a distinção entre enunciado aderente e suporte é afetada: visto de fora, pode-se opor o estado do corpo com e sem tatuagem, mas a pretensão da tatuagem é que o "verdadeiro" corpo seja o tatuado.

Quando as Femen pintam enunciados no peito, estão longe da tatuagem. Trata-se, certamente, de inscrições no corpo, mas elas são *slogans* efêmeros, retomados em cartazes, elementos de uma *performance* cujas imagens as militantes esperam ver maciçamente difundidas nas redes sociais e nos *sites* de notícias. Mas a diferença em comparação com uma tatuagem torna-se menos evidente quando se trata de fotos de *body-writing*, quando os indivíduos representados posam diante de uma objetiva. Estritamente falando, não se trata de tatuagens, definitivamente inscritas na pele; mas considerando, não o corpo físico, mas o corpo na foto, trata-se de uma inscrição irreversível, na qual o engajamento profundo do sujeito é atestado pela difusão da imagem. Encontra-se aqui o desejo mais ou menos consciente de reapropriação do próprio corpo, de contestação do corpo orgânico caracterizada pela tatuagem. Esse corpo enfeitado com palavras cuja fotografia circula no espaço digital sem limite converte-se, assim, em uma espécie de "corpo glorioso", para retomar um termo teológico, um corpo não mais submetido às restrições do corpo físico.

Ao lado das fotos em que um indivíduo é glorificado tanto pelo conteúdo e forma do enunciado aderente que ele mostra quanto pela qualidade estética da foto, há procedimentos de retorno do estigma, de "ressignificação" (Paveau, 2019), pelos quais se difunde uma fotografia de seu corpo com enunciados negativos dos quais ele é alvo. Esse poder conjurador da fotografia é explorado por muitas empresas; por exemplo, o projeto "What It Be"[4], do fotógrafo Steven Rosenfield, que "fotografa anônimos que expressam suas dores mais profundas, as que destroçam a vida ou marcaram sua existência". Essas fotos são difundidas na internet sob o título "Palavras escritas nos corpos para exprimir seus males mais profundos". O internauta vê uma série de fotos nas quais estão escritos com pincel atômico no rosto, às vezes no braço, enunciados como: "Muito magra", "Sardas", "Sozinho na luta", "Pai, sinto saudade", "Você não pode fazer isso", "Feio"... Embora os enunciados aderentes expressivos vendidos no comércio visem anular imaginariamente a distância entre o indivíduo e os valores reconhecidos pela sociedade, a torná-lo adequado, aqui os enunciados aderentes são citações das falas discriminatórias que impedem o indivíduo de ser aceito. Mas, bem entendido, essa enunciação se pretende libertadora: mostrar o enunciado que explicita o estigma significa revalorizar-se.

No mundo contemporâneo, os corpos são, ao mesmo tempo, corpos físicos e corpos fotográficos cuja imagem pode circular. E isso permite associar um corpo magnificado a *seu* enunciado, ajustar perfeitamente *esse* enunciado a *essa* pessoa. É uma prática que parece prolongar uma tendência imemorial a associar uma pessoa célebre a uma frase emble-

[4] Disponível em: https://bit.ly/3r6cFEG; acesso em: 20 set. 2022.

mática. Isso pode passar pela narrativa exemplar das circunstâncias nas quais essa frase foi enunciada. Era esse especialmente o caso das vidas de personagens exemplares. Nesse sentido, o título da obra de Diógenes Laércio é revelador: "Vida, doutrinas e *sentenças* dos filósofos ilustres". A propósito do filósofo estoico Zenão de Cítio, temos:

> Um dia, Aristão, seu discípulo, enunciava mal certas coisas, algumas insolentemente e outras com precipitação: *É preciso crer,* ele lhe disse, *que seu pai o gerou num momento de embriaguez.* Ele o chamava *tagarela,* com mais razão porque ele era muito lacônico. Ele estava jantando com um grande guloso que engolia tudo, sem deixar nada para os outros. Foi servido um grande peixe; ele o puxou para si como se quisesse comê-lo sozinho; o outro olhou para ele e disse: *Se você não pode, nem por um dia, suportar minha gulodice, quanto você acha que a sua deve desagradar diariamente seus camaradas?* Um jovem fazia perguntas mais curiosas do que sua idade permitia. Ele o levou para diante de um espelho: *Veja,* lhe disse, *olhe para si mesmo e julgue se suas perguntas combinam com sua juventude* (Trad.: J. G. Chauffepié. Paris: H. J. Schneider, 1758, tomo II, p. 86-87).

Dizer quem é Zenão de Cítio é associá-lo a uma série de frases emblemáticas que supostamente exprimem sua personalidade e, ao mesmo tempo, sua doutrina e modo de vida. É a mesma lógica que leva a inscrever no pedestal de uma estátua uma frase que supostamente exprime aquilo que, da personagem representada, interessa à posteridade. Por exemplo, em Paris, sob a estátua de Danton[5], está gravada sua frase mais célebre, destacada de um discurso de 2 de setembro de 1792: "Para vencer / os inimigos da pátria / precisamos de audácia / de mais audácia / sempre de audácia". Ao inscreverem em 2020 "Perdão" na estátua do rei Leopoldo II[6] em Bruxelas, os militantes descolonialistas revertiam em seu favor a incorporação de um enunciado a um suporte humano memorável. Como na foto, a estátua transforma o corpo perecível em corpo glorioso, mas de outro modo: a primeira retira sua força de seu poder de difusão, a segunda, de sua mineralidade e de sua ancoragem em um lugar simbólico.

[5] Orador célebre, Georges Jacques Danton (1759-1794) é um dos principais atores da Revolução Francesa. Essa estátua, cujo autor é Auguste Paris, foi erigida em 1891, logo no início da III República. Ela está no Carrefour de l'Odéon, no centro de Paris.

[6] O rei dos belgas Leopoldo II teve um papel determinante na colonização do que era outrora o Congo Belga, o atual Zaire.

No pedestal da estátua de Danton, está escrito: "Esse monumento / foi erigido na praça / ocupada pela casa habitada por Danton / na parte hoje demolida / do pátio de comércio". Lá onde vivia o corpo físico está agora o corpo glorioso, aquele que constitui uma unidade com seus enunciados aderentes emblemáticos.

Com essas práticas, extrapolamos claramente a problemática dos enunciados aderentes expressivos. Não se trata mais, de fato, de pessoas que exprimem um "estilo" exibindo enunciados aderentes em si mesmos e nos objetos de seu ambiente íntimo, mas de operações efetuadas por terceiros em figuras que pertencem à memória coletiva e às quais se atribui, com isso, determinada interpretação.

Capítulo 6

A identidade do bovino

Mesmo que nos últimos anos os animais tenham ganhado considerável dignidade no debate público, nas ciências sociais e na filosofia, pode parecer incongruente passar brutalmente dos enunciados aderentes portados por humanos aos portados por bovinos. Mas nosso percurso não segue a hierarquia de um cosmos que levaria do inanimado ao humano. Ele explora diversas facetas de uma relação. Ora, quando desenvolvemos uma reflexão sobre os enunciados aderentes, os animais destinados à alimentação apresentam um duplo interesse porque sua identificação não se deixa encerrar em uma distinção elementar entre as coisas — os artefatos ou as entidades naturais — e os humanos, mas também porque eles estão destinados a sofrer transformações físicas radicais, com forte incidência sobre os enunciados aderentes.

O brinco de identificação

Os animais de criação que atingem determinado tamanho e tempo de vida compatível são submetidos a um controle da parte dos poderes públicos, que pretendem identificá-los e vinculá-los a um proprietário responsável. Na França, isso abrange os equídeos, os bovinos, os caprinos, os ovinos, os suínos — incluídos os javalis de criação —, mas não os coelhos ou os galináceos. Dado que eles não são capazes de falar, esse controle passa de maneira privilegiada pela fixação de enunciados aderentes a seus corpos. Se os humanos recém-nascidos carregam uma pulseirinha no hospital durante alguns dias, os bovinos devem carregar durante toda a sua existência enunciados aderentes que os identifiquem: uma tatuagem, uma presilha ou brinco de identificação.

Diferentemente dos porcos, cabras ou ovelhas, os bovinos são facilmente identificáveis por seus criadores a um simples olhar. Às vezes se atribui a eles um nome: em geral, começa com uma letra que muda a cada ano; assim, dando um nome ao animal, sabe-se logo sua idade. Mas esse tipo de identificação não é suficiente para os poderes públicos.

Na França, desde 1998, deve-se colocar no bovino, desde o nascimento, um brinco no qual deve constar o número nacional de identificação, precedido do código do país (FR para a França). Na realidade, fixam-se dois brincos no animal, para diminuir o risco de que ele se desembarace de um e escape assim à identificação.

Bezerro com dois brincos de identificação

O conjunto das operações que vão afetar o animal e todos os documentos a ele relativos estão ligados a esse número. Quando um dos brincos se perde, a perda deve ser notificada ao organismo competente num prazo máximo de sete dias, e o criador deve encomendar outro imediatamente. Se os dois desaparecem, é necessário não só fazer uma declaração e encomendar outros, mas aguardar a intervenção de um agente da administração para regularizar a situação. A partir de 2019, o procedimento se tornou mais complexo: para detectar os bezerros infectados ao nascer pelo vírus da Diarréia Viral Bovina (BVD, em nível internacional), o alicate que permite colocar o brinco colhe ao mesmo tempo um fragmento de cartilagem a ser enviado a um laboratório para análise.

Essas normas foram estabelecidas por uma regulamentação europeia que especifica não apenas as informações que devem constar nos brincos, mas também seu tamanho, forma, material e cor. As empresas que os fabricam são obrigadas a pedirem autorização para vender seus produtos. Os organismos oficiais apresentam essa regulamentação aos criadores como uma medida que oferece vantagens ao mesmo tempo sanitárias e comerciais:

> Identificar os animais contribui para assegurar a rastreabilidade das carnes, e assim garantir a segurança do consumidor. É também um instrumento de monitoramento da saúde dos rebanhos que permitiu a erradicação das principais doenças animais contagiosas. Enfim, a identificação permite monitorar o desempenho dos animais e selecionar as melhores linhagens de reprodutores para atender às necessidades dos consumidores[1].

Os brincos fixados no animal devem, além disso, estar associados a um documento chamado "passaporte", que reúne as informações sobre a identidade do bovino e seu estado sanitário. Nesse documento, que contém um código de barras, o(s) proprietário(s) deve(m) igualmente incluir os diferentes lugares pelos quais o animal passou. A gestão desses passaportes e dos números de identificação é de responsabilidade do Ministério da Agricultura, que delega essa tarefa a um organismo especializado, chamado "Établissement de l'élevage" (EDE), que dispõe de antenas espalhadas por todo o país.

[1] Disponível em: https://bit.ly/3SzZw2l; acesso em: 20 set. 2022.

Os próprios brincos e passaportes participam de um "sistema" mais amplo, que uma regulação europeia de 17 de julho de 2000 explicita: "Ao estabelecer um sistema de identificação e de registro dos bovinos vinculado à etiquetagem da carne bovina e dos produtos à base de carne bovina",

> o sistema de identificação e de registro dos bovinos compreende os elementos seguintes: (a) meios de identificação para a identificação individual dos animais; (b) bases de dados informatizadas; (c) passaportes para os animais; (d) registros individuais mantidos em cada fazenda[2].

Dois elementos conexos são assim acrescidos ao passaporte e aos brincos: as "bases de dados informatizadas" e o "registro" que deve ser mantido em cada fazenda.

Do ponto de vista da análise do discurso, não basta evocar os enunciados aderentes e as instituições que os gerem. Também é preciso levar em conta os gêneros de discurso que asseguram o funcionamento do "sistema". Quando se lê, por exemplo, que o criador deve "declarar" o nascimento ao EDE, é preciso ter em mente que essa declaração passa por um determinado gênero de discurso, no caso, um formulário específico concebido pelo Ministério da Agricultura. A esse documento se acrescenta outro gênero de discurso, um folheto[3] explicativo redigido pelo "Instituto da Criação"[4] e validado pelo Ministério da Agricultura. Esse documento reproduz o formulário de declaração e lhe acrescenta instruções precisas sobre como atender a todos os seus casos. O criador não só deve indicar o número dos brincos nas orelhas dos animais, mas também o número do anel da "mãe" do bezerro recém-nascido, o de seu "pai", se não se tratar de inseminação artificial. O criador deve ainda verificar a existência e a conformidade dos brincos, bem como a correspondência entre os números indicados nesses brincos e os informados nos passaportes e, eventualmente, indicar à administração qualquer desvio em relação à regulamentação.

[2] O texto integral da lei está disponível em: https://bit.ly/3dNsFbx; acesso em: 20 jan. 2021.

[3] Disponível em: https://bit.ly/3fb6MmM; acesso em: 20 set. 2022..

[4] "L'Institut de l'élevage" não deve ser confundido com "l'Etablissement de l'élevage". É um organismo de pesquisa cujo objetivo é melhorar a competitividade das criações de herbívoros.

Esse folheto pode ser um documento em papel a ser guardado numa gaveta, mas também está disponível nos *sites* de diversas organizações profissionais. O mesmo ocorre com o formulário de declaração: o criador pode utilizar o formulário de papel, que envia pelos correios; mas ele também pode fazer sua declaração pela internet com a ajuda de um "programa do criador". A coexistência de uma tecnologia tradicional com uma tecnologia digital ocorre também para os brincos. Hoje, os agricultores podem escolher entre um brinco "tradicional" e um brinco munido de um *microchip* colocado na orelha esquerda e cuja leitura exige um instrumento apropriado. Dessa maneira, o animal fica ligado por um fio invisível a um leitor eletrônico. É razoável imaginar que, em um futuro mais ou menos próximo, os brincos desprovidos de um microprocessador desaparecerão. Mas, quaisquer que sejam o procedimento de declaração e a natureza do brinco, o conjunto do dispositivo está preso a um único enunciado aderente: o brinco, com dois exemplares, fixado no corpo do animal.

Do animal ao alimento

Todo bovino, mesmo que não tenha sido criado diretamente para esse fim — como no caso das vacas leiteiras —, está destinado a tornar-se um animal de açougue. Assim que chega ao matadouro, sofre transformações que põem em questão sua identidade: animal em uma pastagem, ele se torna uma carcaça, depois quartos de carne, e enfim cortes destinados à venda no varejo. A regulamentação da etiquetagem da carne é proporcional a essa dificuldade.

Quando é actante em um texto, o animal destinado a se transformar em alimento entra na categoria dos "referentes evolutivos", essas "entidades que passam, à medida que o discurso se desenvolve, por transformações capazes de atentar, mais ou menos gravemente, contra seu estado" (Schnedecker; Charolles, 1993: 197). Os exemplos prototípicos são a lagarta e a borboleta, e, mais próximos de nossas preocupações, os animais destinados à alimentação humana. Os linguistas, seguindo Brown e Yules (1983), atribuíram um papel privilegiado ao caso do frango, que passa do estado de animal vivo em um criadouro ao de uma porção numa travessa. Quando escrevemos: "Pegue um frango bem vivo e bem gordo, mate-o, depene-o, coloque-o no forno...", a questão que se põe é de saber o que a anáfora pronominal "o", cujo referente varia durante o desenvolvimento do discurso, designa exatamente: não é mais, de fato, um "frango bem vivo e bem gordo" que é posto no forno e acaba num prato à mesa.

Quando se lida não com um actante em um texto, mas com um bovino em carne e osso, não se trata, evidentemente, de uma cadeia anafórica que permitiria remontar, com a ajuda de um pronome, a uma primeira menção ao animal, mas de uma cadeia de enunciados aderentes: cada um deve fornecer os meios que permitam religar a ele aquele que o precede. Até a segunda metade do século XX, as transformações drásticas que os animais de açougue sofriam não repercutiam ou repercutiam pouco sobre os enunciados aderentes; mas se impôs progressivamente uma restrição sobre a rastreabilidade, a obrigação de poder conectar os diferentes estados pelos quais um animal pode passar. Uma cadeia, de enunciado aderente em enunciado aderente, leva da bandeja coberta com celofane do supermercado até o animal na fazenda em que ele foi criado, naquela em que nasceu, até seu "pai" e sua "mãe".

Assim que o bovino chega ao matadouro, os brincos nas orelhas não são mais pertinentes. Nesse novo ambiente, o cuidado principal não é mais o de assegurar a identidade do animal, mas o de preservá-la a despeito das diversas operações de corte às quais ele é submetido e o de garantir que sua carne esteja própria para o consumo. Os enunciados aderentes agora fixados decorrem de restrições de rastreabilidade e de conformidade a normas veterinárias. Assim, novos atores aparecem: os profissionais do abate e os dos serviços sanitários, ambos supervisionados por diversos organismos.

Os enunciados aderentes característicos do matadouro e das salas de corte são os carimbos, marcas inscritas na carcaça e em cada corte. Eles estão submetidos a normas precisas, especificadas pelo decreto de 15 de maio de 1974, "relativo à carimbagem sanitária das carnes de açougue e dos produtos à base de carne"[5], completado pelo decreto de 18 de dezembro de 2009, "relativo às regras sanitárias aplicáveis aos produtos de origem animal e às mercadorias alimentares que os contêm"[6]. A regulamentação abarca todos os tipos de cenários, incluindo os animais mortos por acidente nas estradas, o estatuto jurídico de cada estabelecimento em que se efetua o abate ou a natureza do suporte (raça do animal, carca-

[5] Disponível em: https://bit.ly/3r6XKKi; acesso em: 20 set. 2022.

[6] Disponível em: https://bit.ly/3LOiWhU; acesso em: 20 set. 2022.

ça inteira ou pedaços de diversas naturezas). Para o caso mais simples, o dos matadouros (que não devem ser confundidos com as "salas de corte" e as "salas de preparação das carnes picadas com antecedência"), o artigo 7 do decreto de 1974 estipula:

> As carcaças de mais de 65kg levam a marca do carimbo em cada meia carcaça, pelo menos nos seguintes lugares: face externa da coxa, lombos, costas, peitos e quarto dianteiro.
> As carcaças de carneiros, cabras e leitões levam duas marcas de carimbo, pelo menos, postas em cada lado da carcaça, no quarto dianteiro ou na face externa das coxas.
> As outras carcaças levam pelo menos quatro carimbos postos nos quartos dianteiros e na face externa das coxas.

O artigo 6º especifica até mesmo a natureza da tinta a ser utilizada:

> Nos estabelecimentos de abate, a carimbagem é efetuada pela aposição direta nas carnes da impressão a tinta ou de fogo de um dos carimbos definidos no artigo 3º.
> A tinta utilizada para a carimbagem das carnes nos matadouros inscritos no plano é à base do corante E 155 escuro HT. A título provisório, nos outros matadouros, ela é à base E 129 vermelho allura AC.

Como se vê, todas as dimensões do enunciado aderente são regulamentadas: seu conteúdo, sua forma, seu tamanho, o modo de inscrição (fogo ou tinta), sua localização em função das espécies de animais, sua cor, e até a composição química da tinta utilizada.

Etiqueta sob vigilância

A terceira grande etapa do percurso do bovino, a comercialização da carne, também implica enunciados aderentes específicos, para transporte e estocagem, por um lado, e para a venda, por outro.

Quando se chega aos produtos nas prateleiras dos supermercados, quando a carne sai do mundo dos profissionais e entra no dos consumidores, o objeto de todas as atenções são as etiquetas na embalagem. Elas se tornaram mais complexas com o passar dos anos, porque as diversas partes interessadas (criadores, abatedores, industriais, comerciantes, consumidores, poderes públicos) negociam previamente para determinar quais informações devem figurar nelas. Chega-se a compromissos, traduzidos em particular por uma distinção entre as menções tidas por obrigatórias e as consideradas facultativas.

Desde o debate dos anos 1990, tornou-se obrigatório indicar a natureza do pedaço de carne, seu peso, seu preço por kg e seu preço líquido, a data da embalagem e a data do prazo de validade. Desde 2000, para as carnes bovinas, é necessário igualmente declarar o número do lote, o matadouro e seu número de aprovação, o estabelecimento em que a carne foi separada e seu número de aprovação. Além disso, desde 2002, a regulamentação europeia exige que se informe a origem da carne, isto é, o país de nascimento, o país de criação e o país de abate dos bovinos dos quais a carne proveio. Se só uma origem é informada, é porque o bovino nasceu, foi criado e abatido no mesmo país. Existem, além disso, normas suplementares relativas aos vitelos, para os quais se deve informar em que idade foram abatidos.

As informações consideradas facultativas dizem respeito à categoria do animal (boi, novilha, vaca...), o tipo de bovino (destinado ao abate ou à produção de leite), a raça, o modo de criação, o estado de origem... A isso se acrescentam elementos que resultam em diversas certificações de qualidade: AOC/AOP, IGP, Selo Vermelho, Agricultura orgânica, o logotipo de "Produto certificado"), categorizações profissionais: "VBF" (= Viande Bovine Française / carne bovina francesa"), "VVF" (Viande de Veau Française / Carne de vitelo francesa"), "100% músculo"...

As etiquetas coladas nas bandejas de carne atingiram tal grau de complexidade que as associações se encarregam de explicar aos consumidores como decifrá-las. É o caso, por exemplo, da "Associação de defesa dos consumidores, locatários e usuários das Bouches-du-Rhône" que, em seu *site*, apresenta o seguinte esquema explicativo[7].

O enunciado localizado abaixo da etiqueta ("Não constam nesta etiqueta: rótulos que garantam um animal criado segundo um conjunto de práticas de qualidade") revela a meta militante da associação, que lamenta que as normas ecológicas não sejam levadas em conta. Mas nada se diz sobre o código de barras de responsabilidade do comerciante.

---

[7] Disponível em: https://bit.ly/3fgwaaR; acesso em: 7 jun. 2020.

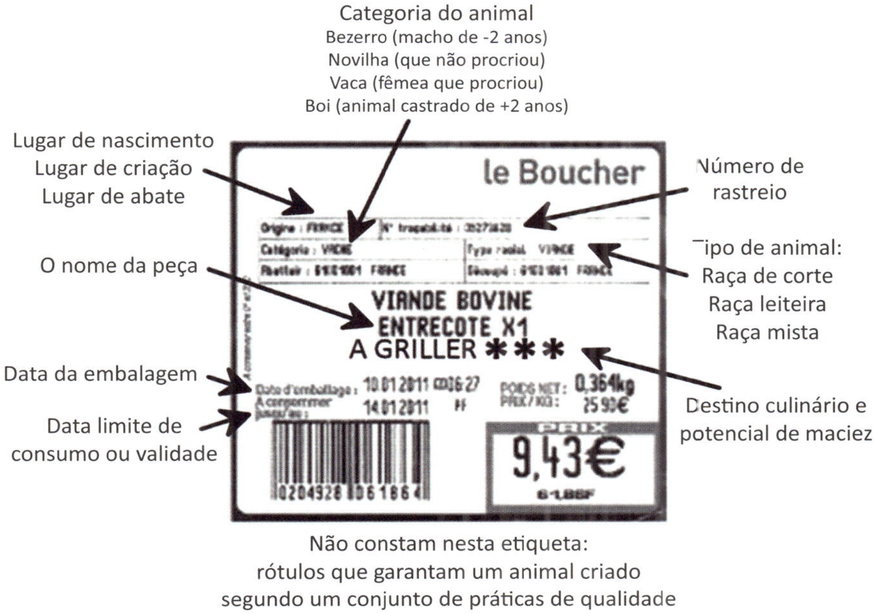

Esse não é o caso da Associação Nacional de Defesa dos Consumidores “UFC-Que choisir / UFC – O que escolher”, que decompõe esse código de barras em quatro constituintes: “Indicativo GENCODE da Empresa”, “Gencode do produto”, “Gencode do preço do produto”, “Gencode da chave de controle”[8]. O conjunto está de acordo com as normas do Gencode europeu de 13 dígitos.

[8] Disponível em: https://bit.ly/3R9O7oV; acesso em: 7 jun. 2020.

Essa explicação dos diversos "gencodes" não tem nenhuma utilidade para os consumidores comuns. Mas a decisão de explicitar os códigos é reveladora: a opacificação das informações fornecidas pelas etiquetas é acompanhada de um aumento da desconfiança dos consumidores. É o que suscita o aparecimento de mediadores que se legitimam exibindo uma vontade militante de transparência. Nem contamos aqui, aliás, os programas de televisão ou os vídeos na internet que se atribuem a missão de revelar aos consumidores o que os industriais e os comerciantes lhes esconderiam, aquilo de que seriam vítimas sem saber.

Se a etiquetagem da carne é um ponto tão sensível, é porque seu consumo se encontra na convergência de duas zonas de intensa produção discursiva:

— Um discurso sanitário que, no prolongamento das preocupações do movimento higienista do século XIX, atribui aos poderes públicos a missão de erradicar os focos de infecção e de controlar permanentemente os elementos com risco de favorecer o desenvolvimento de agentes patógenos. Esse discurso aumenta sua atuação no correr dos acontecimentos, cada crise sanitária provocando quase automaticamente um acréscimo de regulamentação, que, em diferentes etapas da cadeia, repercute nos enunciados aderentes. Essa tendência é reforçada pela expansão ilimitada das redes de informação: a notícia de uma intoxicação alimentar se difunde instantaneamente e suscita a busca de culpados. Para se proteger antecipadamente, as instituições encarregadas da saúde tendem a multiplicar as prescrições e os enunciados aderentes correspondentes.

— Um discurso militante difuso que denuncia tanto a agricultura e a criação industrial quanto o uso de produtos químicos destinados a modificar a textura ou o gosto da carne. Essa denúncia converge para as preocupações higienistas, porque as práticas incriminadas escancaram uma alimentação de má qualidade, julgada responsável por uma grande quantidade de doenças: obesidade, cânceres, hipertensão, doenças cardíacas, esterilidade... Além disso, a própria legitimidade da criação de bovinos passa a ser contestada, por suas consequências sobre o aquecimento climático. A criação de bovinos para abate e das vacas leiteiras contribui maciçamente para a emissão de um gás de efeito estufa, o metano.

O consumo de carne animal está no centro de diversas controvérsias que não cessam de alimentar o debate público. Citemos algumas:

— Uma controvérsia sobre o tratamento "cruel" dado aos animais, tanto no nível da criação quanto no do abate. Por exemplo, em 5 de junho de 2020, dois dias antes do Dia das Mães, os militantes da associação internacional PETA ("People for the Ethical Treatment of Animals") fizeram em Paris uma manifestação com seios nus para denunciar o sofrimento das vacas ligadas à indústria leiteira. Nos seios figuravam enunciados aderentes como "Desmame-se" ou "Leite = Crueldade", "Se não for sua mãe / O leite não é seu". Com isso, elas pretendiam pôr em evidência o pertencimento comum dos humanos e das vacas aos mamíferos. Essa controvérsia entra em consonância com outras, em particular com a relativa à proibição das touradas, consideradas crueldade com os touros.
— Uma controvérsia sobre o próprio consumo da carne, cada vez mais criticado por movimentos defensores de versões mais ou menos radicais de vegetarianismo.
— Uma controvérsia sobre as práticas de abate ritual, kasher e hallal. O registro do tipo de abate nas etiquetas torna-se um ponto de conflito, tanto para os defensores da laicidade como para os defensores desse tipo de prática.
— Uma controvérsia sobre o caráter "local" da produção de carne. Nesse caso, não pode haver venda direta do produtor ao consumidor. Mas grande parte da opinião pública, sensível aos males da globalização, defende o consumo da carne provinda de criações geograficamente próximas.

Essas diversas controvérsias podem gerar consequências para os enunciados aderentes das etiquetas: é necessário informar a forma da criação, como já é o caso para determinadas categorias de frangos? É necessário incluir o selo de instituições religiosas? É necessário informar em qual local o animal foi criado?... Em abril de 2021, o Ministro da Agricultura francês anunciou que os gestores das cantinas escolares serão obrigados a informar a origem da carne (incluídos os galináceos) servida aos alunos[9]. Trata-se de defender a criação francesa contra a importação maciça de carne de países estrangeiros. A imposição desse novo enunciado

[9] Disponível em: https://bit.ly/3ShXPqt; https://bit.ly/3racCI4; acesso em: 10 maio 2021.

aderente é facilitada porque pode se articular ao apoio ideológico na defesa da produção "local".

Para identificar todas as instituições — e os gêneros de discurso de cada uma — que dão suporte aos enunciados aderentes que acompanham a viagem do gado da fazenda em que ele nasce ao supermercado, seria necessário implantar redes de grande densidade e de enorme complexidade. Desde os serviços técnicos e jurídicos de múltiplas organizações ou das comissões parlamentares nacionais e do Parlamento Europeu até as múltiplas associações de certificação, os departamentos competentes do Ministério da Agricultura ou do Ministério da Saúde, as associações de consumidores, os organismos de controle sanitários, fiscais, comerciais, as associações profissionais de criadores, de industriais, de comerciantes que negociam com os poderes públicos de diferentes níveis, que difundem os regulamentos e dão consultoria... Se acrescentarmos a isso os partidos políticos e as associações militantes de todos os tipos interessadas pelos animais domésticos e pelo consumo de carne, pouco a pouco é o conjunto da sociedade que se encontra inervado e busca ter o direito de olhar para os enunciados aderentes fixados no animal, considerado nos diferentes estágios pelos quais ele passa.

Houve um tempo não muito distante em que, nas cidades, os açougueiros podiam vender a carne dos animais que eles mesmos tinham criado ou comprado de criadores da vizinhança sem brinco de identificação. Hoje, os cidadãos fixam nas orelhas dos animais recém-nascidos brincos munidos de circuitos integrados antes de transmitir os dados por computador para uma instituição especializada. Não estamos mais lidando com os mesmos bovinos nem com a mesma carne, nem com a mesma sociedade.

Capítulo 7

Veículos

Os filmes de faroeste tornaram familiar a prática de imprimir a ferro quente a marca do rancho ao qual pertencem os bovinos. A presença dessa marca não é surpreendente: o gado é móvel, pode ser roubado, extraviar-se, causar prejuízos, e é muito difícil distinguir os animais quando o rebanho é grande. Essas características são também as de um actante essencial do mundo contemporâneo: o carro. Ele também é móvel, pode ser roubado, causar prejuízos a terceiros; ele também pertence a imensos rebanhos no interior dos quais é dificilmente identificável: os veículos da mesma marca, da mesma série, da mesma forma, da mesma cor... Em relação a eles também se impõe a ideia de que é preciso identificá-los, colando neles signos distintivos. No faroeste, todos os bovinos de um rancho carregam a mesma marca que o proprietário escolhe e grava neles como bem entende. Diferentemente, quando se trata dos automóveis, é o Estado que decide as características do enunciado aderente, regula as modalidades de sua atribuição e dispõe dos recursos para interpretá-lo.

Da marca à placa de registro

Um automóvel é um ser que se desloca por ruas e rodovias com todos os riscos que isso implica, mas é também um produto industrial de grande complexidade, constituído de numerosas peças, uma mercadoria cara que pode passar de um proprietário a outro, uma máquina que tem necessidade de combustível e pode sofrer uma pane, uma fonte importante de receitas fiscais para o Estado, um sinal exterior de riqueza etc. Ele interessa, por isso, a atores muito diversos, algo de que dão testemunho os enunciados aderentes.

O primeiro ator que, pela aposição de enunciados aderentes, procura se apropriar dele é, claro, a montadora. Como outras categorias de artefatos — perfumes, celulares, computadores... —, um veículo tem um nome que o inscreve em uma série ("Clio", "Escort", "C4"...) e uma marca (Renault, Ford, Citroën...). Esses dois tipos de enunciados aderentes são solidamente fixados na lataria, bem visíveis. Para a marca, eles têm uma função publicitária; para o proprietário, são marcadores de identidade e de *status* social. Permitem também encomendar peças para troca, saber qual a calibragem adequada para os pneus etc.; em suma, asseguram a manutenção do veículo. Graças a eles, as seguradoras podem também determinar o valor dos prêmios, a administração pode fixar o montante dos impostos, a polícia, lançar buscas ("procura-se Jeep Renegade – cinza...").

Ao lado da marca e do modelo, concebidos para ser maximamente visíveis, um veículo porta igualmente enunciados mais discretos com funções bem definidas. É o caso dos números gravados nos vidros; eles deveriam dissuadir os ladrões, obrigados a substituir os vidros quando vendem o veículo. É também o caso dos adesivos perto do tanque, que lembram ao motorista o tipo de combustível exigido pelo motor. Embaixo do capô, outros adesivos fornecem informações úteis para a manutenção do carro, por exemplo, a troca dos diversos líquidos (água, líquido de arrefecimento, óleo do motor...). Além disso, um grande número de peças do veículo é suporte de enunciados aderentes específicos: particularmente, o nome do fabricante ou o número de chassi que permite identificá-lo. São em geral peças que podem ser substituídas e para as quais existem produtos concorrentes mais fáceis de obter. É particularmente o caso dos pneus, nos quais estão escritos o nome da marca e da série à qual pertencem. Eles devem ser trocados regularmente e podem ser montados em carros de muitas marcas.

Distinguir diversos tipos de enunciados aderentes em um veículo tem interesses bastante limitados, se não se levam em conta as categorias de atores que precisam lê-los. Um enunciado sobre a natureza do combustível a ser usado nos tanques interessa aos motoristas. O mesmo acontece com o número de identificação do veículo gravado nos chassis, uma sequência alfanumérica de 17 caracteres atribuída a cada veículo, segundo uma norma estabelecida em 1981. Esse tipo de enunciado aderente só é pertinente para os controles administrativos. Há também uma chapa do fabricante, um retângulo metálico de pelo menos 10x7cm, localizada em geral no compartimento do motor, no porta-malas ou no porta-luvas ao lado da porta direita. Sua forma e seu conteúdo são regidos por regras bem precisas, editadas na França pela "Divisão de Controles Técnicos e Metrologia" da "Direção Regional do Meio Ambiente, Desenvolvimento e Habitação"[10]. A regulamentação entra em detalhes: ela define a localização da chapa do fabricante, seu modo de fixação e o tamanho dos caracteres. Pode-se ler a marca, o número de identificação do veículo (nos chassis), a capacidade de carga máxima do veículo, o peso de rodagem para veículos de carga, bem como o peso máximo autorizado para cada eixo.

Entre os inúmeros enunciados aderentes fixados em um automóvel, é a placa de identificação de veículos o que chama mais a atenção. Diferentemente do número de identificação do veículo ou da chapa do fabricante, é o único elemento de identificação de grande tamanho e visível do exterior. Ela permite aos poderes públicos apropriarem-se do veículo, mas de uma maneira não ostensiva: as placas devem ser perfeitamente legíveis, mas são fixadas na parte inferior da carroceria. O proprietário deve ter a impressão de que se trata de *seu* carro. Como para o número de identificação do veículo, seu tamanho, sua localização, seu modo de fixação, sua forma, sua cor são submetidos a normas de grande precisão. Na França, são definidas por um decreto publicado no *Journal officiel* de 9 de fevereiro de 2009, "fixando as características e o modo de colocação das placa de identificação de veículos"[11].

---

[10] Disponível em: https://bit.ly/3SyYweL; acesso em: 20 set. 2022.

[11] Disponível em: https://bit.ly/3faEAjU; acesso em: 20 set. 2022.

Para interpretar a sequência de números e de letras que figuram na placa, isto é, para fazê-la corresponder a um conjunto de informações sobre o veículo e seu proprietário, é preciso estar habilitado a fazê-lo e dispor das mediações técnicas necessárias. Os carros circulam livremente pelas estradas, mas, graças a sua placa, estão ligados por um fio invisível a um arquivo do qual o Estado tem a posse. Com o desenvolvimento das tecnologias digitais, essa placa passa a exercer um papel crucial nos dispositivos de controle para os quais ela inicialmente não fora prevista. Permite, particularmente, o uso de radares que flagram os carros que cometem excesso de velocidade. As imagens são "lidas" por uma máquina que relaciona o número a uma base de dados, o que desencadeia a redação automática de um processo verbal de infração do código de trânsito a ser enviado pelo correio aos contraventores. Com a evolução da tecnologia, nem há mais necessidade de radares fixos. Nas estradas da França, circulam desde 2013 carros que ninguém distingue dos automóveis comuns e que são capazes de "fotografar" um veículo em movimento. Nos primeiros anos, eles eram conduzidos por policiais e guardas rodoviários, mas, desde 2018, são motoristas privados que fazem o trabalho.

As placas também têm um papel cada vez mais importante no controle do estacionamento dos veículos. Nos anos 1980, as autoridades competentes utilizavam um tipo singular de enunciado aderente: um cartão preso no para-brisa indicava a tempo permitido de estacionamento. Com a evolução da tecnologia, passaram a ser usados tíquetes gerados por máquinas fixadas nas ruas em intervalos regulares. Os motoristas deviam deixar esses enunciados aderentes visíveis, presos no para-brisa, de maneira que os fiscais encarregados do controle pudessem verificar se eles estavam obedecendo às regras. Nessa época, as placas não exerciam nenhum papel. Novas máquinas, mais sofisticadas, que liberavam tíquetes nos quais o número da placa era especificado, foram instaladas em seguida. Hoje nem há mais necessidade desse enunciado aderente transitório que é o tíquete de estacionamento: com a ajuda de um aplicativo instalado no celular, o motorista indica sua placa e paga o estacionamento sem necessidade de imprimir um tíquete. O controle do estacionamento urbano está totalmente ligado à placa do carro. Basta fazer circular uma caminhonete munida de câmeras capazes de escanear as placas dos carros estacionados em um bairro para detectar automaticamente os carros infratores e desencadear um processo de emissão de multas.

Como no caso dos radares, essas novas práticas implicam uma reorganização dos atores envolvidos: os controles automatizados das placas dos carros estacionados são de responsabilidade de empresas privadas contratadas pelas prefeituras; os controladores uniformizados que inspecionavam as ruas desaparecem em favor de funcionários invisíveis, sentados atrás de telas de computador. Ainda há alguns policiais uniformizados que se ocupam de controlar o estacionamento dos veículos, mas eles usam câmeras de vigilância fixas: leem à distância as placas de veículos estacionados ilegalmente e emitem as contravenções correspondentes. O recurso a máquinas de controle permite assim não aumentar o número de policiais e empregar pessoas menos bem remuneradas, que não têm o estatuto de policiais.

Além do excesso de velocidade e do estacionamento em locais proibidos, as placas permitem também uma vigilância em massa com base na técnica de reconhecimento óptico de caracteres. Alguns carros de polícia comuns são equipados com instrumentos que leem as placas dos veículos em circulação e arquivam as imagens correspondentes.

Bastaria romper a vinculação entre a placa de um veículo e diversas bases de dados possibilitada pela tecnologia para que o controle dos veículos se tornasse impossível. A placa deve, então, ser facilmente fotografável e decifrável por uma máquina. Uma placa suja, cujos números sejam ilegíveis, é infração gravíssima e gera multa de R$ 293,47 ao motorista. Uma em desacordo com as especificações e com o modelo estabelecido pelo Conselho Nacional de Trânsito (Contran) é infração média, com multa de R$ 130,16. As placas refletoras, embora perfeitamente legíveis por um olho humano, têm o inconveniente de aparecerem em branco nas fotos feitas pelos radares. O uso de elementos refletores é proibido.

As penalidades aplicadas são proporcionais às "apostas": em 2020, na França, um motorista que usasse uma placa refletora corria o risco de uma multa de 1.500 euros e seis pontos na carteira, a apreensão do veículo e uma suspensão da carteira de motorista por três anos. O uso de um número da placa de outro veículo pode custar 30.000 euros ao contraventor, o confisco do veículo e sete anos de prisão[12].

A gravidade das sanções aplicadas é reveladora do caráter estratégico desse tipo de enunciado aderente, cujo controle está na encruzilhada

[12] Article L.317-4-1 du Code de la route.

de interesses heterogêneos, mas que vão na mesma direção. Há, de um lado, cidadãos preocupados com a ecologia, que alimentam uma aversão particular ao automóvel. Seu peso na opinião pública é considerável. De outro, estão o Estado e os municípios, para os quais a tributação dos veículos e do combustível é uma fonte expressiva de impostos. Além dos interesses políticos e financeiros imediatos, essas novas práticas participam de um movimento mais amplo: a evolução do Estado na direção de um Estado de controle[13].

O motorista tem a sensação de estar em *seu* carro, mas, graças à placa, essa habitação móvel pode ser ligada a qualquer momento a agentes invisíveis.

Não há necessidade de ficção científica para conceber um mecanismo de controle que dê, a todo instante, a posição de um elemento em ambiente aberto, de um animal numa reserva, de um homem numa empresa (colarinho eletrônico). Félix Guattari imaginava uma cidade onde cada qual poderia deixar seu apartamento, sua rua, seu bairro, graças a seu cartão eletrônico (individual) que levantava essa ou aquela barreira; mas o cartão também poderia ser rejeitado num ou noutro dia, entre tal e tal hora; o que conta não é a barreira, mas o computador que marca a posição de cada um, lícita ou ilícita, e opera uma modulação universal (Deleuze, 1990: 245).

Além do Estado

Evocar o controle do "Estado" sobre os veículos por meio das placas simplifica um pouco as coisas, porque o "Estado" pode assumir formas variadas, segundo os países em questão. Quando se trata de um país federado, a placa varia segundo os diferentes Estados, mas, no interior de limites definidos em nível federal. Na França, a regulamentação das placas deve levar em conta as exigências das instituições europeias, que, aliás, marcam sua presença na própria placa por uma banda vertical azul que serve de fundo às estrelas da bandeira europeia.

Em um Estado fortemente centralizado, a administração busca formular a identidade dos veículos em termos de sequências de números e de letras distribuídas segundo as restrições de um código só interpretável por

[13] Há sobre essa questão uma abundante reflexão de ordem filosófica, que se pode remontar à obra de Michel Foucault, *Vigiar e punir* (1975), prolongada pelo "Post-scriptum sur les sociétés de contrôle" de Gilles Deleuze (1990). A passagem da "vigilância", ligada a vastas instituições de enclausuramento, ao "controle" se baseia no recurso às tecnologias digitais.

seus agentes e que independe do lugar em que reside o proprietário. Nos países em que as reivindicações regionalistas são fortes, essa questão tem implicações políticas evidentes. Na Espanha, desde 2000, as placas não mencionam mais a província de origem do proprietário do automóvel e se constituem de uma sequência [4 números + 3 letras] que não permite relacionar o veículo a uma região. Na França, antes de uma reforma ocorrida em 2009, os dois últimos números da placa indicavam o departamento em que residia o proprietário. Quando os promotores da reforma quiseram apagar esse traço de localização geográfica, enfrentaram os protestos dos usuários. Chegou-se a uma solução de compromisso: o proprietário decide qual departamento quer fazer constar em sua placa, independentemente de seu lugar de residência. O Estado autoriza, assim, a presença de um número de departamento, mas essa indicação não tem nenhum valor do ponto de vista administrativo, já que não contribui para definir a identidade do veículo. A parte deixada à identidade pessoal se reduz, assim, a esse número de departamento sobreposto ao logotipo da região ou a seu escudo.

Em um país federado, as autoridades regionais tendem a impor marcas de identidades locais fortes. É o caso do Québec, onde, desde 1978, na parte inferior das placas, consta a divisa da província em francês ("Je me souviens") e na parte superior o nome próprio "Québec", associado à flor de lis. A própria cor da placa é um marcador de identidade: o azul e o branco são as cores da bandeira quebequense.

Disponível em: https://bit.ly/3UEnRFX; acesso em 20 set. 2022.

Essa gestão das placas evidentemente está ligada às reivindicações de uma província que se esforça para preservar sua diferença em relação ao mundo anglófilo circundante. “Je me souviens / Eu me lembro” pode ser interpretado, entre outras coisas, como a impossibilidade de esquecer que a região foi conquistada pelos ingleses. Se é permitido escrever isso em uma placa, é porque essa lembrança ainda está viva.

Em outro Estado canadense, Ontário, a divisa é outra: a flor de lis é substituída pela coroa britânica, e o modelo da sequência alfanumérica combina sete signos (4 letras + 3 números), em vez de seis.

Disponível em: https://bit.ly/3DZAXYv; acesso em: 20 set. 2022.

Mas, enquanto a aforização colocada nas placas de Québec tem uma dimensão política, a das placas de Ontário (“Cabe a você descobrir”) é um *slogan* de finalidade turística que só começou a constar na placa em 1982. Esse controle das autoridades públicas sobre as placas não é total: o dono do veículo pode marcar sua singularidade escolhendo uma combinação de números e de letras que lhe agrade. Em Ontário, as placas podem comportar de duas a oito letras ou de dois a seis números, bem como um signo icônico. Mas essa liberdade é muito controlada: no nível material (o número e a dimensão dos caracteres e sua localização são prescritos) e no nível do conteúdo (exclusão de conteúdos sexuais, racistas, de ódio... e obrigação de escolher signos icônicos de um repertório de sessenta).

Entre o proprietário do veículo e os poderes públicos, outros atores podem se imiscuir na placa. Na França, por exemplo, o comerciante que vendeu o carro e instalou a placa sente-se tentado a instalar nela seu próprio enunciado aderente: um endereço de internet, ou seu nome e telefone. Mas isso só pode ser feito na parte inferior da placa traseira e em caracteres muito pequenos. Essa intrusão discreta lembra que o veículo já teve também o *status* de mercadoria.

Como pudemos ver a propósito dos enunciados aderentes expressivos do tipo "X a bordo", uma relação metonímica poderosa faz dessa habitação móvel que é o carro um tipo de prolongamento do corpo de seu proprietário. Quando ele é uma organização, ela inscreve seus próprios enunciados aderentes (nome, tipo de atividade, localização, número de telefone, *slogans* ...), explorando uma das propriedades essenciais de um veículo: sua aptidão para deslocar-se no espaço público e, consequentemente, ser visto por um número considerável de pessoas. Essa propriedade é explorada igualmente pelos suportadores esportivos que marcam as cidades exibindo bandeiras ou cartazes com o nome de seus times. Por outro lado, se se trata da polícia, o objetivo publicitário some: os enunciados aderentes ficam limitados a indicar o pertencimento a um ou outro corpo: polícia federal, guarda municipal, polícia militar... E, assim como há policiais à paisana ao lado de policiais uniformizados, há carros sem identificação que escondem sua condição policial ao lado de veículos que a exibem com sua cor e seus enunciados aderentes. A presença de tais enunciados aderentes tem incidência não só sobre o estatuto do veículo, mas também sobre o do motorista: da mesma forma que o uniforme de um funcionário não é *sua* roupa, um automóvel munido dos enunciados aderentes de uma organização não é o automóvel do motorista que o dirige e se comporta de acordo com esse estatuto.

O problema dos documentos exigidos

Esteja sentado em um veículo pertencente a uma empresa ou em seu veículo pessoal, o motorista é obrigado a estar munido de uma carteira de habilitação e o veículo, de um "documento do carro" e de uma apólice de seguro. Quando um policial para um carro, a primeira coisa que faz é pedir esses documentos. O registro é comumente chamado no Brasil de Certificado de Registro e Licenciamento de Veículo (CRLV). Na França, de "carte grise" (carta cinza), por causa de sua cor. Na parte superior, figura uma longa lista de rubricas, organizadas alfabeticamente, que, em sua grande maioria, são ininteligíveis para o motorista. Embaixo, figura uma banda de duas linhas de números e de letras, chamada "zona de leitura ótica MRZ (=Machine-Readable Zone"), legível apenas com a ajuda de um aparelho.

Um número nos chassis, uma chapa de fabricante e a placa são indubitavelmente enunciados aderentes. Mas serão enunciados aderentes os documentos associados ao motorista e ao veículo? A questão pode parecer estranha, porque eles não estão fixados no veículo: quando um automóvel está estacionado em uma garagem, ele não tem necessidade de registro ou de comprovante de seguro, e uma pessoa que não dirige não tem necessidade de uma carteira de motorista.

Para caracterizar o documento do carro ou a carteira de motorista como enunciados aderentes, seria necessário afrouxar a relação de aderência. Esses documentos, de fato, não ficam fixados no veículo ou no motorista, nem mesmo a seu lado, como as placas dos museus: sua presença no veículo depende do motorista, que deve tomar as providências necessárias para não esquecê-los. A contiguidade com o suporte, o motorista ou o veículo, é, pois, o resultado sempre incerto da submissão de um ator social a uma norma. Essa contiguidade "ativa", que resulta de uma atenção constante dos usuários, parece bem diferente da contiguidade "passiva" e estável que é a aderência.

Esse tipo de questionamento pode ser estendido a outros tipos de documentos. Um viajante que toma um avião para ir a um país estrangeiro deve dispor, além de um documento de identidade (frequentemente um passaporte), de um cartão de embarque.

Encontra-se aqui uma situação comparável à do motorista: se não se toma o avião, o cartão de embarque não tem nenhuma pertinência. Se são enunciados aderentes, então são transitórios e só dizem respeito ao portador do documento enquanto ele exerce uma atividade que poderia ser considerada setorial: dirigir um veículo, embarcar num avião. A relação entre o documento e seu portador se torna ainda mais frouxa com os documentos de identidade, para os quais é ainda mais difícil falar de aderência. Todo motorista deve estar munido de sua carta, mas há diversas formas de provar sua identidade.

Chegados a esse ponto, encontramo-nos diante de uma alternativa: considerar que documentos como documento do carro, a carteira de motorista ou o cartão de embarque são enunciados aderentes, ou excluí-los dessa categoria. Adotada a primeira solução, a noção perde grande parte de sua consistência. Por outro lado, parece difícil não levar em conta a proximidade entre esses tipos de enunciados e os enunciados aderentes. Uma solução seria integrar os dois fenômenos em uma categoria mais compreensiva, a dos enunciados *associados* a suportes. No interior desse vasto conjunto, documentos como a carteira de motorista, o documento do carro ou o cartão de embarque entrariam na classe dos enunciados associados que poderíamos classificar como *prescritos*.

Essa categoria dos enunciados "associados" poderia ser enriquecida pela inclusão de outra subcategoria, a dos enunciados *auxiliares*, destinados a facilitar a utilização dos objetos: o manual fornecido pela montadora, a bula na caixa de remédios, as instruções para a montagem de um painel vendido em *kit*, indicações de como usar um computador etc. Diferentemente dos enunciados aderentes, esses enunciados auxiliares constituem verdadeiros textos, eventualmente verdadeiros libretos, e seu laço com o suporte não é de contiguidade física permanente. A regulamentação obriga os fabricantes a associá-los aos objetos, mas o usuário pode se desembaraçar deles, se lhe parecerem desnecessários.

A relação entre esses documentos "auxiliares" e seu suporte assume uma forma completamente diferente quando não existem mais documentos de papel, e o usuário que procura as formas de utilização é orientado a consultar um *site* concebido pelo fabricante. Alguns *sites* especializados se atribuem até mesmo a finalidade de reagrupar o conjunto de orientações para certas categorias de artefatos. A ajuda disponibilizada aos consumidores passa também pelos vídeos com função de tutoriais, que frequentemente não são administrados pela marca, mas por usuários mais ou menos profissionais. O que não deixa de redistribuir a autoridade discursiva.

A questão que se põe, então, é a de saber como estabelecer o contato entre o objeto e essas fontes de informação na internet. Pode tratar-se de um documento de papel que incita o usuário a visitar um *site*. Mas a lógica da evolução técnica se orienta para o estabelecimento de um contato por meio de uma espécie de "QR code" fixado no suporte, que permite o acesso, por meio de um celular, às páginas pertinentes na internet. Assim, a diferença com uma placa de carro torna-se menos evidente: como um leitor de código, a sequência de números e letras na placa não significa nada se não se dispuser de um leitor ligado a uma base de dados.

Conclusão

Além dos enunciados aderentes?

O percurso que seguimos — dos saquinhos de bombons aos automóveis, passando pelas lixeiras, os humanos e os bovinos — é duplamente arbitrário: tanto os objetos abordados quanto a ordem em que o foram poderiam ter sido outros. Procuramos apenas apreender os objetos mais diversos possíveis através de diferentes facetas da relação de aderência. O essencial era fazer os enunciados aderentes saírem de sua paradoxal invisibilidade, mostrar que eles permitem abrir portas em nosso universo mais cotidiano.

Não se pode esconder, entretanto, que, em matéria de enunciados aderentes, a paisagem é cada vez mais confusa. Existe, como vimos, um número crescente deles que são legíveis por uma inteligência humana, mas que só são interpretáveis se dispusermos do instrumental apropriado, conectado a uma base de dados: as placas do carros, as bandas MRZ (machine-readable zone), as lombadas de livros numa biblioteca, os números do lote de uma mercadoria... Esses enunciados aderentes coexistem frequentemente com signos que só são "legíveis" com a ajuda de tecnologias digitais: códigos de barra, chips, "QR codes". Essa prática penetra progressivamente a maior parte dos domínios da existência. Os transeuntes que olham um cartaz publicitário, os turistas que contemplam um monumento também têm muito frequentemente a possibilidade de obter previamente informações escaneando um QR code com seu celular.

Também seria possível evocar a presença maciça, nos monumentos e nos museus, de enunciados aderentes constituídos de um número precedido de um signo que representa em geral ouvintes; eles indicam ao visitante qual botão devem apertar para ouvir comentários sobre o suporte contíguo: uma sala, um móvel, um quadro... Estabelece-se, assim, uma distinção entre dois tipos de visitantes: alguns escutam conferencistas, leem legendas, folhetos ou guias, enquanto outros, munidos de um aparelho apropriado, recebem informações oralmente apresentadas por uma máquina. Por fim, também seria possível evocar os endereços da internet inscritos em diversos suportes: em nosso saquinho *chamallows*, a rubrica "www.haribo.com" indica ao consumidor que ele pode acessar a internet para acessar informações promocionais. Em todos esses casos, a "leitura" não se faz *in situ*, mas acessando outro espaço.

Em um domínio bem diferente, o controle remoto das televisões permite fazer aparecerem a qualquer momento informações de diversas ordens (sobre um filme, seus atores etc.) ou desencadear diversas operações: escolher a língua de transmissão ou das legendas, ter acesso ao "replay", acessar esse ou aquele serviço... As sequências verbais que aparecem dessa forma na tela não fazem parte da programação; elas só se tornam visíveis se o usuário as acionar. Em certo sentido, lembram os enunciados que se pode fazer aparecer lendo um leitor de QR code graças a um aplicativo disponível nos celulares. Mas diferem deles em um ponto essencial: o leitor de QR code está na superfície do suporte, enquanto as sequências que o controle remoto ativa só surgem se o telespectador assim desejar. A respeito deles, não se pode falar de enunciados "aderentes": enunciados *latentes* seria um termo mais apropriado.

Essa possibilidade não é exclusiva dos televisores. Você pode fotografar cogumelos na floresta e ver suas características na tela de um celular. Da mesma forma, pode avaliar a qualidade nutricional de um alimento à venda; outros aplicativos o fazem fotografando o alimento no prato. Ao fotografar uma geladeira numa loja, pode-se saber qual seu preço nas lojas concorrentes... Surge então uma tensão entre os enunciados aderentes que os fabricantes e os comerciantes afixam e as informações que os aplicativos fazem surgir. E o que dizer dos programas de reconhecimento facial, que associam a um rosto um nome próprio e algumas outras informações, desconhecidas dos que são fotografados?

Para tais situações, a noção de enunciado "latente" não é adequada; trata-se mais de enunciados *acrescentados*. Os enunciados latentes fazem parte do funcionamento normal do televisor, e é o próprio telespectador que manipula esses metadados. Em compensação, nos exemplos que acabo de evocar, a ativação dos enunciados é estranha ao funcionamento dos suportes. Se poderia dizer que esses enunciados "acrescentados" conferem uma "aura" a seus suportes. Invisível ao comum dos mortais, uma aura só aparece àqueles que dispõem de capacidades que excedem as da humanidade comum: as capacidades extrassensoriais dos médiuns ou os enunciados acrescentados a um dispositivo técnico. Essa metáfora, no entanto, logo encontra seus limites: a aura emana naturalmente dos indivíduos, enquanto a aura acrescentada implica a intervenção de terceiros que definiram quais informações o usuário tem a possibilidade de fazer aparecer.

Vemos assim tornar-se mais complexa a noção de enunciado "associado". O desenvolvimento tecnológico de ativação de enunciados latentes e de enunciados acrescentados reconfigura a paisagem, para além dos agenciamentos de signos visíveis e contíguos ao suporte.

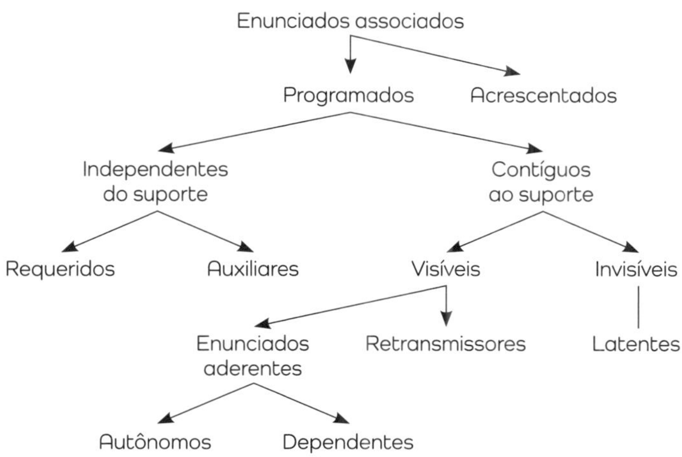

Uma primeira grande distinção opõe os enunciados "programados" aos enunciados "acrescentados". Por enunciados "programados" é preciso entender enunciados concebidos para serem componentes do suporte, para possibilitarem seu funcionamento por meio dos diversos *status* que ele pode assumir: em uma mercadoria, é tanto um número de lote quanto o nome da marca. Por outro lado, um enunciado "acrescentado" não participa do funcionamento normal do suporte; ele resulta de uma intervenção que se poderia considerar parasitária, para o bem (evitar a compra de um alimento vencido) ou para o mal (favorecer opositores políticos). Mas a relação entre o hóspede e o parasita não é simples. Desde que é conhecida, a existência dos enunciados acrescentados não deixa de ter efeitos sobre os suportes, que, consequentemente, tentamos adaptar. Mascarar um rosto ou maquiá-lo de certa maneira pode dificultar o reconhecimento facial; modificar as taxas de glicídios ou de lipídios dos alimentos que uma empresa fabrica pode alterar a avaliação indicada na tela.

Entre os enunciados programados, a distinção entre os que são independentes do suporte e os que lhe são contíguos — entre instruções de montagem ("enunciados auxiliares") e de licença para dirigir ("enunciados requeridos"), de um lado, e etiquetas em um computador ou uma legenda de museu, de outro — repousa sobre a natureza da relação de associação: ela pode ser assegurada por recursos materiais ou pelo comportamento do usuário.

Os "retransmissores" não são propriamente enunciados: um código de barras em um livro, um QR code em um monumento, um *chip* em um cartão bancário são dispositivos destinados a ativar o aparecimento de enunciados em uma tela. Quanto à distinção entre os enunciados aderentes "autônomos" e "dependentes", ela permite opor aqueles cuja interpretação é imediata àqueles cuja interpretação exige o recurso a mediações técnicas. Em um carro, por exemplo, percebem-se ao mesmo tempo enunciados aderentes "autônomos" (como a marca) e outros que são "dependentes" (como a placa); em uma etiqueta de carne figuram indicações como "carne bovina" ou "765g", mas também um número de lote como 0101329567548, ou uma sequência como "FR-35.360.005-CE", que permite identificar o estabelecimento em que o animal foi abatido. Essa distinção entre enunciados aderentes autônomos e dependentes sobrepõe, por um lado, a distinção entre os enunciados aderentes que decorrem da língua natural e são destinados aos usuários e os que são sequências de números e letras acessíveis exclusivamente aos especialistas. Na medida em que a interpretação dessas sequências alfanuméricas exige mais frequentemente a intervenção de mediações técnicas, a diferença com os "retransmissores" depende essencialmente do tipo de aparelhagem mobilizada para a leitura. Para interpretar um enunciado aderente dependente, é preciso digitar em um teclado, enquanto os retransmissores são imediatamente decifrados pela máquina. Desse ponto de vista, os endereços dos *sites* que figuram em uma mercadoria aparecem como enunciados aderentes dependentes. É preciso submetê-los a operações em um terminal para ter acesso aos *sites* em questão.

Essa grade de enunciados que chamamos de "associados" não categoriza uma realidade estática, mas uma paisagem em constante mutação e atravessada por tensões. Os enunciados aderentes que poderíamos chamar de "tradicionais" — os que são visíveis e autônomos — coexistem cada vez mais com signos só legíveis com a ajuda de instrumentos sofisticados. Por sua vez, os documentos "auxiliares" em papel perdem sua importância: as instruções de uso ou as bulas de remédios são progressivamente transferidas para *sites* especializados, administrados pelo fabricante ou por outros prestadores de serviço ligados à saúde. Pode-se até mesmo imaginar que certos documentos "requeridos", por exemplo, uma carta de motorista, sejam pura ou simplesmente substituídos por enunciados acrescidos, ativados, por exemplo, por um programa de reconhecimento facial ou de impressões digitais.

Alguns fatores favorecem, por outro lado, a multiplicação dos enunciados aderentes. Assim, a busca obstinada de um "estilo" pessoal faz multiplicarem-se enunciados aderentes expressivos, à medida que a evolução das práticas políticas tende a substituir bandeiras coletivas por enunciados individuais. Aliás, o controle cada vez mais cerrado dos indivíduos e das mercadorias por um número crescente de agentes privados e públicos faz proliferar enunciados aderentes em todos os tipos de suporte que antes não os incluíam.

Mas essa tendência é contrabalançada por outra, a que pressiona para reduzir a parte dos enunciados aderentes autônomos em proveito dos enunciados aderentes dependentes e de marcas retransmissoras, visíveis, mas opacas. Essas duas tendências têm como efeito cavar um fosso cada vez mais fundo entre os enunciados aderentes autônomos, voltados para os usuários, e os agenciamentos de signos reservados aos especialistas de diversas instituições munidas de instrumentos apropriados.

O aparecimento de enunciados acrescentados apenas aprofunda essa distância. Com eles, o problema não é mais saber quais informações vamos inscrever num suporte, mas quais são os programas que podemos aplicar-lhe e quem tem acesso a essas informações. Com isso, a noção de "suporte" se transforma profundamente: não se trata mais de uma realidade material que entra em relação com a outra realidade material que são os enunciados aderentes que lhe são contíguos, mas de uma entidade física qualquer que permite ativar enunciados legíveis em outro espaço e cuja apresentação e densidade não são mais restringidos pelas propriedades materiais de um suporte.

Como sublinhei na introdução, levar em conta os enunciados aderentes levanta problemas para os analistas do discurso, que, tradicionalmente, focalizam enunciados textuais independentes de suportes. Duas possibilidades se oferecem a eles, então: continuarem com seus *corpora* usuais ou adaptarem seu aparelho conceitual para integrar os enunciados aderentes, para além da configuração dos enunciados associados. Para os analistas do discurso, excluir os enunciados aderentes do campo da análise do discurso não é necessariamente considerar que se trata de enunciados marginais ou pouco interessantes, mas assumir que cabe a outras disciplinas encarregarem-se deles.

Contudo, ao permanecerem assim em sua zona de conforto, correm o risco de se defrontarem com uma situação de desconforto epistemológico. A realidade do discurso é hoje a interpenetração crescente de regimes de produção semiótica na vida privada e na vida profissional. Torna-se cada vez mais difícil isolar um discurso que seria "puro", independente de toda tecnologia, de todo agenciamento material, de todo suporte.

Diante de tal situação, há a tentação de dizer que a análise do discurso deve mudar de paradigma, para retomar a célebre noção advinda da epistemologia antiempirista de Kuhn (1962). Mas Kuhn se refere à história de ciências como a física, nas quais os pesquisadores propõem soluções concorrentes para resolver problemas que todos enfrentam. As coisas acontecem de maneira bem diferente nas ciências sociais, nas quais os pesquisadores não trabalham no mesmo domínio e não utilizam os mesmos métodos. A ampliação da análise do discurso só se impõe no caso de se admitir a necessidade de encarar as manifestações do discurso em toda a sua diversidade, que a análise do discurso se inscreve na história e, consequentemente, é obrigada a ajustar seus conceitos e métodos às mudanças produzidas nas práticas discursivas.

A análise do discurso apareceu em determinada configuração histórica. Ao organizar seu campo em torno do estudo das conversações e dos textos provenientes de gêneros institucionais, ela alcançou relativa homogeneidade. Mas, com o tempo, essa situação se torna dificilmente sustentável. A questão é saber se aceitamos uma concepção restrita de discurso, que lhe confere certa homogeneidade, mas restringe consideravelmente sua capacidade de abarcar a realidade na qual vivemos, ou se optamos por uma concepção ampliada, que confere o devido lugar às coisas e às técnicas. Michel Foucault se esforçou para fazer emergir o espaço do discurso, "desfazendo os laços aparentemente tão fortes entre as palavras e as coisas", a linguagem e o mundo (1969: 67). Levar em conta os enunciados aderentes confere um sabor particular a essa distinção, já que, ao restituirmos às "coisas" seu sentido mais usual, somos, ao contrário, levados a *apertar* os laços entre as palavras e as coisas, para ver como, ao se atarem, criam novas realidades, ligadas por mil fios no entrelaçamento de instituições e discursos que caracterizam uma sociedade.

Referências bibliográficas

Antelmi, D.; Logaldo, M. (orgs.), 2019, *Testi brevi di accompagnamento. Linguistica, Semiotica, Traduzione*. Mantova: Universitas Studiorum.

Austin, J. L., 1962, *How To Do Things With Words*. Oxford: Clarendon Press [ed. br.: *Quando dizer é fazer*. Trad.: Danilo M. de Souza Filho. Porto Alegre: Artes Médicas, 1990].

Bakhtin, M., 1984, *Esthétique de la création verbale*. Paris: Gallimard [ed. br.: *Estética da criação verbal*. Trad.: P. Bezerra. São Paulo: Martins Fontes, 2010).

Barthes, R., 1964, Rhétorique de l'image, *Communications*, 4, p. 40-51.

Behr, I., 2018, Semantische Aspekte des Sauberkeitsdiskurses im öffentlichen Raum, am Beispiel von Mülleimeraufschriften. *In*: Gautier, L.; Modicom, P.-Y.; Vinckel-Roisin (orgs.), *Diskursive Verfestigungen: Schnittstellen zwischen Morphosyntax, Phraseologie und Pragmatik im Deutschen und im Sprachvergleich*. Berlin: de Gruyter, p. 365-385.

Behr, I., 2019. La brièveté comme ressource esthétique: un cas de textualisation de l'espace public (allemand). *In*: Behr, I.; Lefeuvre, Florence (orgs.), *Le genre bref. Des contraintes grammaticales, lexicales et énonciatives à une exploitation ludique et esthétique*. Berlin: Frank & Timme, p. 147-169.

Bonhomme, M., 2009, Mot-valise et remodelage des frontières lexicales, *Cahiers de praxématique*, 53, p. 99-120.

Bosredon, B., 1994, *Étiquetage et titres de tableaux. Des titres de tableaux à la problématique de la nomination unique*. Tese. Paris: Université Paris 7.

Bosredon, B., 1997, *Les titres de tableaux. Une pragmatique de l'identification*. Paris: PUF.

BOSREDON, B.; TAMBA, I., 1999, Une ballade en toponymie : de la rue Descartes à la rue de Rennes, *Linx* [disponível em: https://bit.ly/3xPrOhp; acesso em: 21 set. 2022].

BOUTET, J.; GARDIN, B.; LACOSTE, M., 1995, Discours en situation de travail, *Langages*, n° 117, p. 12-31.

BRADBURNE, J., 2019, The Label as Battleground: The Museum as a Context for Contested Identities. *In*: ANTELMI, D.; LOGALDO, M., *Testi brevi di accompangamnto. Linguistica, Semiotica, Traduzione*. Mantova: Universitas Studiorum.

BIAND, M., 2018, Des Femen à Lysistrata: la présence par effraction des femmes . *In*: GUILBARD, A.-C.; TRUCHOT, P.-J. (orgs.), *Présence par effraction et par intrusion*. Rennes: Presses Universitaires de Rennes, p. 17-36.

BROWN, G.; YULE, G., 1983, *Discourse Analysis*. Cambridge: Cambridge University Press.

BÜHLER, K., 1934, *Sprachtheorie, die Darstellungsfunktion der Sprache*. Jena: Bischer, 1934 [ed. fr. comentada: *Théorie du langage. La fonction représentationnelle*, D. Samain et J. Friedrich (trad.). Marseille: Agone, 2009].

CASCIELLO, A.-M., 2019, The *Cartellini* in 16th-Century Veneto Painting as Proto-Captions. *In*: ANTELMI, D.; M. LOGALDO, M., *Testi brevi di accompagnamento. Linguistica, Semiotica, Traduzione*. Mantova: Universitas Studiorum, p. 199-204.

DELEUZE, G., 1990, *Pourparlers. 1972-1990*. Paris: Minuit.

DIAZ CINTAS J., REMAEL A., 2007, *Audiovisual Translation: Subtitling*. London-New York: Routledge.

DUCROT, O., 1972, *Dire et ne pas dire. Principes de sémantique linguistique*. Paris: Herman [ed. br.: *Princípios de semântica linguística (dizer e não dizer)*. Trad.: C. Vogt, R. Ilari, R. A. Figueira. São Paulo: Editora Cultrix, 1977].

DUCROT, O., 1984, *Le dire et le dit*. Paris: Minuit [ed. br.: *O dizer e o dito*. Trad.: E. Guimarães. Campinas: Editora Pontes. 1987].

FERGUSON, Ch. A., 1959, Diglossia, *Word* 15, p. 325-340.

FOUCAULT, M. *L´Archéologie du savoir*. Paris: Gallimard [ed. br.: *A arqueologia do saber*. Trad.: L. F. Baeta Neves. Rio de Janeiro: Forense Universitária. 1986].

FOUCAULT, M., 1975, *Surveiller et punir*. Paris: Gallimard [ed. br.: *Vigiar e punir*. Trad.: R. Ramalhete. Petrópolis: Editora Vozes]

GENETTE, G., 1987, *Seuils*. Paris: Seuil.

GIDDENS, A., 1991, *Modernity and Self-Identity. Self and Society in the Late Modern Age*. Cambridge: Polity Press.

GOFFMAN, E., 1997, The Presentation of Self in Everyday Life (1956), reimpresso em LEMERT, CH.; BRANAMAN, A. (orgs.), *The Goffman Reader*. Oxford: Blackwell [ed br.: *A representação do eu na vida cotidiana*. Trad.: M. C. Santos Raposo. Petrópolis: Vozes, 2014].

GRÉSILLON, A.; MAINGUENEAU, D., 1984, Polyphonie, proverbe, détournement, *Langages*, n° 73, p. 112-125. [ed. br.: Polifonia, provérbio e desvio. *In*: SOUZA E SILVA, M. C. P.; POSSENTI, S. (orgs). *Doze conceitos em análise do discurso*. São Paulo: Parábola Editorial, 2010].

GRICE, P., 1975, Logic and Conversation. *In*: COLE, P.; MORGAN, J. (orgs.), *Syntax and Semantics*, vol. 3. New York: Academic Press, p. 41-58. [ed. br.: Lógica e conversação. *In*: DASCAL, M. (org). *Fundamentos metodológicos da linguistica*. Campinas: Editora do Autor, 1982].

HELLER, M., 2010, The Commodification of Language, *Annual Review of Anthropology*, 39 (1), p. 101-114.

HENRY, P., 1977, *Le mauvais outil. Langue , sujet , discours*. Paris: Klincksieck [ed. br.: *A ferramenta imperfeita; língua, sujeito, discurso*. Trad.: M. F. Pereira de Castro. Campinas: Editora da Unicamp, 1992].

JAKOBSON, R., 1963, Linguistique et poétique. In: JAKOBSON, R., *Essais de linguistique générale*. Trad.: N. Ruwet. Paris, Minuit [ed. br.: Linguística e poética: in: *Linguística e comunicação*. Trad.: I. Blikstein. São Paulo: Cultrix]

KRIEG-PLANQUE, A., 2009, *La notion de formule en analyse du discours*. Besançon: Presses Universitaires de Besançon [ed. br.: *A noção de fórmula em análise do discurso*. Trad.: L. S. Salgado; S. Possenti. São Paulo: Parábola Editorial, 2009].

LANE, P., 1992, *La périphérie du texte*. Paris: Nathan.

LEROY, S., 2005, Le détournement dans les titres de presse: un marquage dialogique?. *In*: BRES, J.; HAILLET, P.; MELLET, S.; NØLKE, H.; ROSIER, K. (orgs.), *Dialogisme et polyphonie. Approches linguistiques*. Louvain-la-Neuve: De Boeck supérieur, p. 201-214.

MAINGUENEAU, D., 1987, *Nouvelles tendances en analyse du discours*. Paris: Hachette [ed. br.: *Novas tendências em análise do discurso*. Trad.: F. Indursky. Campinas: Editora Pontes / Editora da Unicamp. 1989]

MAINGUENEAU, D., 2004a, *Le discours littéraire. Paratopie et scène d'énonciation*. Paris: Armand Colin [ed. br.: *O discurso literário*. Trad.: A. Sobral. São Paulo: Editora Contexto, 2006].

MAINGUENEAU, D., 2004b, Hyperénonciateur et 'particitation'», *Langages* n° 156, p. 111-127.

MAINGUENEAU, D., 2012, *Les phrases sans texte*. Paris: Armand Colin [ed. br.: *As frases sem texto*. Trad.: S. Possenti *et al*. São Paulo: Parábola Editorial].

MAINGUENEAU, D., 2016, Apostrophe et scène rhétorique. *In*: BIGLARI. A.; SALVAN. G. (orgs.), *Figures en discours*. Louvain: Academia-L'Harmattan, p. 19-34.

MAINGUENEAU, D., 2017, The Heterogeneity of Discourse: Expanding the Field of Discourse Analysis, *Palgrave Communications*, 3 (disponível em: https://bit.ly/3UGZA23; acesso em: 22 set. 2022).

MAINGUENEAU, D., 2020a, *Variações sobre o ethos*. Trad.: M. Marcionilo. São Paulo, Parabola Editorial.

MAINGUENEAU, D., 2020b, Análise do discurso, esfera superior e porta-voz, *RALED*, vol. 20, n° 1 (disponível em: https://bit.ly/3CeepCd; acesso em: 22 set. 2022).

PALM, L., 1989, On va à la Mouff. Etude sur la syntaxe des noms de rues en français contemporain. *Studia Romanica Upsaliensia*, 45, Université d'Uppsala.

PARKS, T., 2019, Warring Captions: The Case of *Money & Beauty, Bankers, Botticelli and the Bonfire of Vanities*, an Exhibition at Palazzo Strozzi (2011-2012). *In*: ANTELMI, D.; LOGALDO, M. (orgs.), *Testi brevi di accompagnamento. Linguistica, Semiotica, Traduzione*, Mantova, Universitas Studiorum, p. 33-46.

PAVEAU, M.-A., 2009, Une énonciation sans communication : les tatouages scripturaux, *Itinéraires*, 2009-1, p. 81-105 (disponível em: https://bit.ly/3RfPz9f; acesso em: 22 set. 2022).

PAVEAU, M.-A.; ZOBERMAN, P., 2009, Corpographèses ou comment on/s'écrit le corps, *Itinéraires*, 2009-1, p. 7-19 (disponível em: https://bit.ly/3dLVogY; acesso em: 22 set. 2022).

PAVEAU, M.-A., 2019, La resignification. Pratiques technodiscursives de répétition subversive sur le web relationnel, *Langage et Société*, 167, p. 111-141.

PÊCHEUX, M., 1975, *Les vérités de la Palice. Linguistique, sémantique, philosophie*. Paris, Maspéro [ed. br.: *Semântica e discurso; uma crítica à afirmação do óbvio*. Trad.: Eni L. Puccinelli Orlandi, L. Chacon Jurado Filho, M. L. Gonçalves Corrêa, S. M. Serrani Campinas: Editora da Unicamp. 1988]

PÉRUISSET-FACHE, N., 1994, *Le titre de tableau*. Tese. Rouen: Université de Rouen.

POLI, M.-S. 1992, Le parti pris des mots dans l'étiquette: une approche linguistique, *Publics & Musées*, 1, p. 91-103.

POLI, M.-S., 2002, *Le texte au musée: une approche sémiotique*. Paris: L'Harmattan.

POSSENTI, S., 2009, Ler embalagens. *In*: POSSENTI, S., *Questões para analistas do discurso*. São Paulo: Parábola Editorial, p. 39-50.

REBOUL, O., 1975, *Le slogan*. Bruxelles: Complexe [ed. br.: *O slogan*. São Paulo: Cultrix, 1975].

SCHNEDECKER, C.; CHAROLLES, M., 1993, Les référents évolutifs: points de vue ontologique et phénoménologique, *Cahiers de Linguistique Française*, n° 14, p. 197-227.

SOUCHIER, E., 2007, Formes et pouvoirs de l'énonciation éditoriale, *Communication & Langages*, p. 23-38 (disponível em: https://bit.ly/3fmGb6v; acesso em: 22 set. 2022).

THÉRENTY, M.-È., WRONA, A. (orgs.), 2020, *L'écrivain comme marque*. Paris: Sorbonne Université Presses.

Coleção Lingua[gem]

1. *Português ou brasileiro? Um convite à pesquisa*, Marcos Bagno
2. *Linguagem & comunicação social*, Manoel Luiz Gonçalves Corrêa
3. *Por uma linguística crítica*, Kanavillil Rajagopalan
4. *Educação em língua materna: a sociolinguística na sala de aula*, Stella Maris Bortoni-Ricardo
5. *Sistema, mudança e linguagem*, Dante Lucchesi
6. *"O português são dois"*, Rosa Virgínia Mattos e Silva
7. *Ensaios para uma sócio-história do português brasileiro*, Rosa Virgínia Mattos e Silva
8. *A linguística que nos faz falhar*, Kanavillil Rajagopalan & Fábio Lopes da Silva [orgs.]
9. *Do signo ao discurso*, Inês Lacerda Araújo
10. *Ensaios de filosofia da linguística*, José Borges Neto
11. *Nós* cheguemu *na escola, e agora?*, Stella Maris Bortoni-Ricardo
12. *Doa-se lindos filhotes de* poodle, Maria Marta Pereira Scherre
13. *A geopolítica do inglês*, Yves Lacoste [org.]
14. *Gêneros*, José Luiz Meurer, Adair Bonini & Désirée Motta-Roth [orgs.]
15. *O tempo nos verbos do português*, Mª Luiza M. S. Corôa
16. *Considerações sobre a fala e a escrita*, Darcilia Simões
17. *Princípios de linguística descritiva*, Mário A. Perini
18. *Fundamentos empíricos para uma teoria da mudança linguística*, U. Weinreich, W. Labov & M. I. Herzog
19. *Por uma linguística aplicada indisciplinar*, Luiz Paulo da Moita Lopes
20. *Origens do português brasileiro*, Anthony Julius Naro & Maria Marta Pereira Scherre
21. *Introdução à gramaticalização*, Sebastião Carlos Leite Gonçalves, Mª Célia Lima-Hernandes & Vânia Cristina Casseb-Galvão [orgs.]
22. *O acento em português*, Gabriel Antunes de Araújo [org.]
23. *Sociolinguística quantitativa*, Gregory R. Guy & Ana Maria Stahl Zilles
24. *Metáfora*, Tony Berber Sardinha
25. *Norma culta brasileira*, Carlos Alberto Faraco
26. *Padrões sociolinguísticos*, William Labov
27. *Gênese dos discursos*, Dominique Maingueneau
28. *Cenas da enunciação*, Dominique Maingueneau
29. *Estudos de gramática descritiva*, Mário A. Perini
30. *Caminhos da linguística histórica*, Rosa Virgínia Mattos e Silva
31. *Limites do discurso*, Sírio Possenti
32. *Questões para analistas do discurso*, Sírio Possenti
33. *Linguagem & diálogo*, Carlos Alberto Faraco
34. *Nomenclatura Gramatical Brasileira*, Claudio Cezar Henriques
35. *Língua na mídia*, Sírio Possenti
36. *Malcomportadas línguas*, Sírio Possenti
37. *Linguagem. Gênero. Sexualidade*, Ana Cristina Ostermann & Beatriz Fontana [orgs.]
38. *Em busca de Ferdinand de Saussure*, Michel Arrivé
39. *A noção de "fórmula" em análise do discurso*, Alice Krieg-Planque
40. *Geolinguística*, Suzana Alice Marcelino Cardoso
41. *Doze conceitos em análise do discurso*, Dominique Maingueneau
42. *O discurso pornográfico*, Dominique Maingueneau
43. *Falando ao pé da letra*, Roxane Rojo
44. *Nova pragmática*, Kanavillil Rajagopalan
45. *Bakhtin desmascarado*, Jean-Paul Bronckart & Cristian Bota
46. *Gênero textual, agência e tecnologia*, Carolyn R. Miller
47. *Linguística de texto: o que é e como se faz?*, Luiz Antônio Marcuschi
48. *A gramática passada a limpo*, Maria Helena de Moura Neves
49. *O sujeito em peças de teatro (1833-1992)*, Maria Eugênia Lammoglia Duarte [org.]
50. *Português no século XXI*, Luiz Paulo da Moita Lopes [org.]
51. *Da linguística formal à linguística social*, Roberto G. Camacho
52. *Estudos do discurso*, Luciano Amaral Oliveira [org.]
53. *Gênero – história, teoria, pesquisa, ensino*, Anis B. Bawarshi & Mary Jo Reiff
54. *Introdução à teoria enunciativa de Benveniste*, Valdir do Nascimento Flores
55. *Linguística aplicada na modernidade recente*, Luiz Paulo da Moita Lopes [org.]
56. *Gramáticas contemporâneas do português*, Maria Helena de Moura Neves & Vânia Cristina Casseb-Galvão
57. *Letramentos sociais, na etnografia e na educação*, Brian V. Street
58. *A ordem das palavras no português*, Erotilde Goreti Pezatti
59. *Frases sem texto*, Dominique Maingueneau
60. *Espanhol e português brasileiro*, Adrián Pablo Fanjul & Neide Maia González [orgs.]
61. *Sujeitos em ambientes virtuais*, Maria Cecilia Mollica, Cynthia Patusco & Hadinei Ribeiro Batista [orgs.]
62. *Vološinov e a filosofia da linguagem*, Patrick Sériot
63. *A história das línguas*, Tore Janson
64. *Discurso e análise do discurso*, Dominique Maingueneau
65. *Sobre a fala dialogal*, Lev Jakubinskij
66. *Retórica da ação letrada*, Charles Bazerman
67. *Teoria da ação letrada*, Charles Bazerman
68. *Unidade e variação na língua portuguesa*, André C. Valente
69. *Linguística funcional*, Maria Angélica Furtado da Cunha, Mariangela R. de Oliveira & Mário Eduardo Martelotta [orgs.]
70. *O texto e seus conceitos*, Ronaldo de Oliveira Batista [org.]
71. *Gramáticas brasileiras*, Carlos Alberto Faraco & Francisco Eduardo Vieira [orgs.]
72. *Saussure, o texto e o discurso*, Marcio Alexandre Cruz, Carlos Piovezani & Pierre-Yves Testenoire [orgs.]
73. *O efeito Saussure*, Carlos Alberto Faraco [org.]
74. *Dinâmicas funcionais da mudança linguística*, Marcos Bagno, Vânia Casseb-Galvão & Tânia F. Rezende [orgs.]
75. *Gêneros no contexto brasileiro*, Benedito Gomes Bezerra
76. *A pessoa no discurso*, Adrián Pablo Fanjul
77. *O todo da língua*, Vânia Casseb-Galvão & Maria Helena de Moura Neves [orgs.]
78. *Saussure e Benveniste no Brasil*, Valdir do Nascimento Flores
79. *Mikhail Bakhtin*, Alastair Renfrew
80. A *gramática tradicional – História crítica*, Francisco Eduardo Vieira
81. *Filologia, história e língua – Olhares sobre o português medieval*, Leonardo Lennertz Marcotulio; Célia Regina dos Santos Lopes; Mário Jorge da Motta Bastos & Thiago Laurentino de Oliveira
82. *Qual política linguística? Desafios glotopolíticos contemporâneos*, Xoán Carlos Lagares
83. *Análise de discurso crítica – para linguistas e não linguistas*, José Ribamar Lopes Batista Jr.; Denise Tamaê Borges Sato & Iran Ferreira de Melo [orgs.]
84. *A linguística, o texto e o ensino da língua*, José Carlos Azeredo
85. *Língua portuguesa – Tradições e modernidade*, Tania Maria N. de L. Camara; Denise S. Santos; Flávio de A. Barbosa & Alexandre do A. Ribeiro [orgs.]
86. *Objeto Língua – Inéditos e revisitados*, Marcos Bagno
87. *NURC – 50 anos*, Miguel Oliveira Jr. [org.]
88. *O dialeto caipira*, Amadeu Amaral
89. *Variações sobre o ethos*, Dominique Maingueneau
90. *O sujeito gramatical no português brasileiro – expressão, concordância, ergatividade e afetamento*, Vânia Cristina Casseb-Galvão; Gian Luigi De Rosa; Kleber Aparecido Silva & Lennie Aryete Pereira Bertoque [org.].
91. *História das línguas, história da linguística – homenagem a Carlos Alberto Faraco*, Marcos Bagno e Francisco E. Vieira [org.]
92. *O português daqui, dali e de lá – por uma língua que nos una*, Denise Salim dos Santos & Flávio de Aguiar Barbosa [org.]
93. *Constelação de gêneros – a construção de um conceito*, Júlio Araújo
94. *Discurso e (pós)verdade*, Luzmara Curcino, Vanice Sargentini & Carlos Piovezani [org.]
95. *Linguagem "neutra": língua e gênero em debate*, Fábio Ramos B. Filho & Gabriel de Ávila Othero [org.]
96. *O que sabemos sobre a linguagem*, Gabriel de Ávila Othero, Valdir do Nascimento Flores [org.]
97. *O gênero como ele é (e como não é): conceitos e aplicações*, Benedito Gomes Bezerra
98. *Estudos queer em linguística aplicada INdisciplinar: gênero, sexualidade, raça e classe*, Luiz Paulo da Moita Lopes, Clarissa Rodrigues Gonzalez, Glenda Cristina Valim de Melo, Thayse Figueira Guimarães [orgs.]
99. *Enunciados aderentes*, Dominique Maingueneau

Esta obra foi composta em Magneta 11/15
e impressa em papel Avena 70g
para a **Parábola Editorial** em novembro de 2022.

Impressão e acabamento:
Mundial Gráfica